中文电子资源编目实用手册

周 晨 编著

國家圖書館出版社

图书在版编目(CIP)数据

中文电子资源编目实用手册/周晨编著. --北京:国家图书馆出版社,2014.7
ISBN 978-7-5013-5360-6

Ⅰ.①中… Ⅱ.①周… Ⅲ.①中文文献—电子文献—编目规则—手册 Ⅳ.①G254.3-62

中国版本图书馆 CIP 数据核字(2014)第 086248 号

书　　名	中文电子资源编目实用手册	
著　　者	周　晨　编著	
责任编辑	高　爽	

出　　版	国家图书馆出版社(100034　北京市西城区文津街7号)	
	(原书目文献出版社　北京图书馆出版社)	
发　　行	010-66114536　66126153　66151313　66175620	
	66121706(传真),66126156(门市部)	
E-mail	btsfxb@nlc.gov.cn(邮购)	
Website	www.nlcpress.com ──▶投稿中心	
经　　销	新华书店	
印　　装	北京科信印刷有限公司	
版　　次	2014年7月第1版　2014年7月第1次印刷	

开　　本	787×1092(毫米)　1/16	
印　　张	11	
字　　数	225千字	

书　　号	ISBN 978-7-5013-5360-6	
定　　价	48.00元	

目 录

前言 ……………………………………………………………………………………… (1)

第一部分 中文电子资源著录总则 ……………………………………………………… (1)

 1 适用范围 ……………………………………………………………………… (1)

 2 遵循的标准 …………………………………………………………………… (1)

 3 术语 …………………………………………………………………………… (1)

 4 著录项目 ……………………………………………………………………… (6)

 5 著录信息源 …………………………………………………………………… (8)

 6 著录级次 ……………………………………………………………………… (9)

 7 著录用文字 …………………………………………………………………… (10)

第二部分 中文电子资源机读目录著录细则 …………………………………………… (11)

 1 记录头标 ……………………………………………………………………… (11)

 2 0--标识块 …………………………………………………………………… (17)

 3 1--编码信息块 ……………………………………………………………… (26)

 4 2--著录信息块 ……………………………………………………………… (45)

 5 3--附注块 …………………………………………………………………… (75)

 6 4--连接款目块 ……………………………………………………………… (101)

 7 5--相关题名块 ……………………………………………………………… (112)

 8 6--主题分析块 ……………………………………………………………… (123)

 9 7--知识责任块 ……………………………………………………………… (140)

 10 8--国际使用块 ……………………………………………………………… (149)

附录A 世界常用语种代码表 …………………………………………………………… (159)

附录B 国内地区代码表 ………………………………………………………………… (160)

附录C 完整示例 ………………………………………………………………………… (161)

参考文献 ………………………………………………………………………………… (168)

前　言

　　电子资源是由计算机控制（包括需要使用计算机的外部设备，如 CD-ROM 播放器）的资料。这种资料的使用可以是交互式或非交互式。资料类型包括：数据（数字、字母、图形、声音或其组合构成的信息）和程序（指令或用于执行某种任务的程序）以及电子数据和程序的组合体（如联机服务、交互式多媒体）。进入 20 世纪 80 年代以来，随着光盘技术、计算机技术和网络技术的发展，电子资源大量涌现并呈现出几何级增长趋势，日益成为图书馆和信息情报机构的重要馆藏。

　　为了适应电子资源内容和形式的发展及自动化处理编目数据的要求，国内外文献编目规则和机读目录格式不断完善和更新。在编目规则方面，1997 年，国际图联 IFLA 颁布《国际标准书目著录（电子资源）》[*International Standard Bibliographic Description for Electronic Resources*，简称 ISBD(ER)]，使用"电子资源"(electronic resource)代替原来使用的"计算机文档"(computer file)，2004 年，IFLA 又在互联网上推出 ISBD(ER)修订版；2002 年修订后出版的《英美编目条例》(第 2 版)(*Anglo-American Cataloguing Rules*, second edition, 2002 Revision)与 ISBD(ER)保持一致，使用"电子资源"代替"计算机文档"；2005 年《中国文献编目规则》(第二版)也重点将原"计算机文档"章节修改为电子资源章节；2009 年 GB/T 3792.2—2009《文献著录 第 9 部分：电子资源》国家标准正式颁布，使中文电子资源著录有了可遵循的统一著录标准。在机读目录格式方面，UNIMARC、MARC 21 和 CNMARC 也分别增加电子资源编目字段，以适应电子资源编目需要。

　　为保证书目数据的统一性与规范性，提高书目数据质量，2012 年，国家图书馆完成了"国家图书馆文献编目手册"科研课题的研究，整理全馆各类文献编目规则、规定与规范，修订、编制涵盖各种类型文献的"国家图书馆文献编目手册"。本实用手册即是以该课题"国家图书馆文献编目手册·电子资源"部分的研究成果为基础编写而成。手册依据 GB/T 3792.2—2009《文献著录 第 9 部分：电子资源》、《中国文献编目规则》(第二版)和《新版中国机读目录格式使用手册》，从国家图书馆实际应用角度着手，将编目规则和机读目录格式相结合编制实用手册，旨在为编目人员提供编制中文电子资源书目数据较为规范的参照与依据。

在本书的编写过程中,得到国家图书馆高红、刘峥、萨蕾、赵悦和弓蕴老师的热心指导和帮助,再次表示真诚的感谢!

限于知识水平和实际经验,书中疏漏与不妥之处在所难免,欢迎专家同行批评指正。

编者

2013 年 12 月

第一部分　中文电子资源著录总则

1　适用范围

《中文电子资源编目实用手册》为建立中文电子资源目录机读数据库而制定。为了保证数据规范、完整、准确、一致，同时便于编目人员使用和操作，本手册将文献著录规则、机读目录数据填写的细则及实例结合在一起描述，并按字段标号顺序逐一叙述。本手册适用于计算机控制（包括在计算机外部设备上使用）的电子资源，如通过网络或电信访问的资源、交互式多媒体资源，以及限制发行生产的资源、按需付费的资源或预定生产的资源。计算器、可编程玩具等不包括在本手册范围之内。

2　遵循的标准

（1）GB/T 3792.9—2009 文献著录　第9部分：电子资源［S］.北京：中国标准出版社，2009.

（2）富平，黄俊贵.中国文献编目规则（第二版）［M］.北京：北京图书馆出版社（今国家图书馆出版社），2005.

（3）国家图书馆.新版中国机读目录格式使用手册［M］.北京：北京图书馆出版社（今国家图书馆出版社），2004.

（4）IFLA. ISBD（ER）：International Standard Bibliographic Description for Electronic Resources. 2004 Revision ［EB/OL］.［2011 – 12 – 11］. http://archive.ifla.org/VII/s13/guide/isbder_ww2-1-04.pdf.

（5）UBCIM. UNIMARC Guidelines no.6：Electronic Resources ［EB/OL］.［2011 – 10 – 11］. http://archive.ifla.org/VI/3/p1996-1/guid6.htm.

3　术语

B

版本（edition）
基本上根据同样的输入信息制作并且由同一个机构或一组机构或一个个人发行的一种电

子资源的所有复本。

版本说明(edition statement)

表示一种文献属于某一版本的一个单词或短语。通常是以序数词与"版"字或表示和其他版本不同的与"版"字相结合的形式出现的。

版次(version)

与版本(edition)有关的一个术语。用来反映电子资源的各种变化,它不是表明新版本的可靠依据。

标签(label)

贴在或系在电子资源容器上,含有与其出版者或制作者的所有产品或一些产品相关联的品牌或商标名称的纸质等的说明。

并列版本说明(parallel edition statement)

另一种语言/文字的版本说明。

并列题名(parallel title)

对应于正题名的另一种语言/文字的题名。丛编说明和分丛编说明中的正题名也可有并列题名。

C

从属题名(dependent title)

本身不足以识别一种文献,必须与共同题名一起才能识别该文献的分辑题名、补编题名、分丛编题名等的统称。

从属题名标识(dependent title designation)

共同题名后面用以标识共同题名下的某一部分的单词、字母、数字或其组合,可以单独使用,也可以与从属题名共同使用。

丛编(series)

一组相互关联而又各自独立的文献,每种文献除具有各自的题名外,还有一个整组文献的总题名。

丛编说明(series statement)

识别一种丛编的主要著录单元,包括丛编中单独出版物的编号,它还包括有关某一部出版物是一种多部分资源组成部分的说明。

D

电子资源(electronic resource)

由计算机控制(包括需要使用计算机外部设备,如 CD-ROM 播放器)的资料。这种资料的使用可以是交互式或非交互式。资料类型包括:数据(数字、字母、图形、声音或其组合构成的信息)和程序(指令或用于执行某种任务的程序)以及电子数据和程序的组合体(如联机服务、交互式多媒体)。

多部分资源(multi-part resource)

物理上各自独立,不记录在同一载体上,并已知其构思或作为一种实体已出版的专题电子资源,其各自独立的部分可以有自己的题名和责任说明。

多层次著录(multi-level description)

对多部分组成的文献的一种著录方法,是将文献著录信息分成两个或多个层次。第一个层次著录文献整体的共同书目信息,第二个层次及其余层次分别著录有关各部分的书目信息。

F

访问(access)

获得电子数据资源和程序的一种方法。

分丛编(sub-series)

作为主丛编的一个组成部分的丛编。

分丛编标识(sub-series designation)

位于既可独立存在又可与分丛编题名相关的主丛编题名之后的单词、字母、数字或其组合。

分丛编说明(sub-series statement)

识别分丛编的主要著录单元,包括分丛编中单独出版物的编号。当分丛编题名从属于主丛编题名时,分丛编说明同时包括主丛编题名和分丛编题名,并可包括分丛编标识。

分辑题名(section title)

一组具有共同题名的相关文献中各个组成部分的题名。

附件(accompanying material)

内容上与文献主体部分有直接联系,但在装订或其他组装方式上与主体部分相分离的附属资料,其载体材质和记录信息的方式可与主体部分相同,也可不同。

附件说明(accompanying material statement)

有关附件简单的说明。

G

共同题名(common title)

一组相关文献所共有的题名,它用于表达这些文献之间的关系,并与分辑题名一起识别某种文献。

规定标识符(prescribed punctuation)

由书目机构提供的标识符、冠于每一著录单元(第一项第一单元除外)或项目的信息之前,或将它们置于括号内。

规定信息源(prescribed source of information)

文献著录时,规定据以选取各个著录项目内容的主要信息源,通常为文献的某一部分或某几部分。

J

记录(record)

在内容及用途上可作为一个识别单元的一组词、数字、符号或它们的组合。如:图书馆目录中的书目款目、一个调查案例、学生的一次测试分数。

交替题名(alternative title)

规定信息源中出现的,由两个部分组成的正题名的第二部分。两个部分之间用"又名"、"或"或其他语种的相应词汇连接。

M

目录(directory)

可通过字顺、日期、文件大小或用户界面的图标等多种方式浏览和排序的文件名列表。

Q

其他题名信息(other title information)

从属于题名的一个单词、短语或一组字符,对相关题名进行限定、解释或补充。

R

容器(container)

放置电子资源,在物理形态上与所装电子资源分开的包装物。如:磁盘/光盘的盒子或文件夹,但不包括磁带的外壳。

S

识别题名(key title)

由国际连续出版物数据系统(ISDS)分配给每一种连续出版物,并与其 ISSN 号紧密相连的唯一题名。

使用文档(documentation)

附属文档(accompanying documentation)

随同电子资源一起发行的,用以描述如何启动、操作、维护电子资源和计算机系统的说明信息,通常以手册或指南形式出现,可以是电子型或印刷型。

T

特定文献类型标识(specific material designation)

表示文献属于某种特定类型的术语。

题名(title)

一般在出版物上出现的,用以命名出版物(或一组单独著作中的一种)的一个单词、短语或一组字符。

题名屏(title screen)

出现在显示器或屏幕上的题名信息,通常显示在资源的第一帧或打开的帧面。

W

外设(peripheral)

与计算机系统相连接用于进行输入/输出操作的附属设备,如:打印机、操作杆等。

文件名(file name)

通常由不超过规定长度的字母、数字组成,用于识别电子数据或计算机程序的一个名称,也可用作数据集名称。

物理载体(physical carrier)

可存储数据、声音、图像、程序等的物理介质。部分电子资源的物理载体由存储介质(如磁带、胶卷)和塑料或金属盒组成,磁带盒等外壳是资源的组成部分。

Y

一般文献类型标识(general material designation)

概括地表示电子资源所属类型的术语。

远程访问(remote access)

通过计算机网络访问服务器上存储的电子资源的方法。

Z

责任说明(statement of responsibility)

对文献的知识内容或艺术内容的创造或完成负有责任或作出贡献的个人、团体及其责任方式。有时责任说明可以是一个没有个人姓名或团体名称的短语。

正题名(title proper)

文献的主要题名。正题名包括交替题名,但不包括并列题名或其他题名信息。

直接访问(direct access)

本地访问(local access)

通过接入计算机设备或外围设备的物理载体(如:磁盘/光盘、磁带或盒式磁带等)获取电子资源的一种方法。

制作者(producer)

对电子资源的生产负有经济或管理责任的个人或团体。具体责任依其对电子资源的创造和技术方面所做贡献区分,包括收集数据和将数据转换成机读形式。

主丛编(main series)

包含一个或多个分丛编的丛编。

著录(bibliographic description)

编制文献目录时,按照一定的规则对文献的形式特征和内容特征进行分析、选择和记录的方法和过程。

著录单元(element)

著录项目的组成部分,表示书目著录项目组成部分的一个单词、短语或一组字符。

著录项目(area)

用以揭示文献形式特征和内容特征的记录事项,包括题名与责任说明项、版本项、文献特征细节项、出版发行项、载体形态项、丛编项、附注项、标准编号与获得方式项,各个项目又包括对其特定内容的说明。

4 著录项目

电子资源的著录项目是用来揭示文献内容和形式特征的记录事项,每个著录项目又分为若干著录单元。电子资源的著录项目与普通图书基本相同。GB/T 3792.2—2009《文献著录 第9部分:电子资源》分为八项,每一项目包括一个或若干个著录单元。结合《新版中国机读目录格式使用手册》,下表给出电子资源的著录项目与 CNMARC 字段及子字段对应关系(见表1)。

表1 电子资源的著录项目

著录项目	CNMARC 字段及子字段
1. 题名与责任说明项	200
正题名	$a
一般文献类型标识(可选)	$b
并列题名	$d
其他题名信息	$e
责任说明	$f、$g
第一责任说明	$f
其他责任说明	$g
2. 版本项	205
版本说明	$a
并列版本说明(可选)	$d
与本版本有关的责任说明	$f、$g
附加版本说明	$b
附加版本说明的责任说明	$f、$g
3. 文献特殊细节项	不适用于电子资源
4. 出版、发行(等)项	210
出版发行地	$a
出版发行者	$c
发行者的职能说明	$c
出版发行日期	$d
生产地	$e
生产者	$g
生产日期	$h
5. 载体形态项	215
数量和特定文献类型标识	$a
其他形态细节	$c
尺寸	$d
附件(可选)	$e
6. 丛编项	225
丛编或分丛编正题名	$a、$i
丛编或分丛编并列题名	$d
丛编或分丛编其他题名信息	$e
与丛编或分丛编有关的责任说明	$f

续表

著录项目	CNMARC 字段及子字段
丛编或分丛编的 ISSN 号	$x
丛编或分丛编号	$v、$h
7. 附注项	3--
8. 标准编号与获得方式项	010、011、016
标准编号或其他编号	$a
获得方式和/或价格(可选)	$d
限定说明	$b

表 1 中文献特殊细节项不适用于电子资源,但在本项中所描述的资源在范围上与 GB/T 3792 其他部分有重合时(如电子连续性出版物、数字化地图),可使用相关部分的文献特殊细节项的条款著录。

5 著录信息源

5.1 信息源选取顺序

电子资源的著录信息应按规定顺序选取信息源。

(1)电子资源的主要信息源是电子资源的本身。电子资源的主要信息源取自电子资源内正式出现的信息[如电子资源题名屏、主菜单、程序说明、首先显示的信息、包含"主题"行在内的文件头标、主页、编码元数据(如文本编码初始标识)]以及物理载体或其标签。

(2)未经处理就不可读(如压缩文件或打印格式的文件)的电子资源,其信息应取自经处理可读的文件形式(如:通过解压缩的文件、打印输出的文件或其他方式处理后的文件)。

(3)各信息源中信息差异较大时,应优先选择能提供最充足或最完整信息的信息源。

(4)若所需的信息不能从电子资源本身获取(因缺乏信息源,或因缺乏用于安装电子资源的设备)时,应按下述优先顺序选取其他信息源:

a)印刷型或联机使用文档、其他附属文档(如:出版者的信)。在使用这些说明文档时应注意区分这些信息仅适用于文档还是涉及电子资源。当容器中包含多个电子资源且容器只有一个集合题名时,应优先使用容器标签的信息而不是容器中单个电子资源的标签信息。

b)由出版者、发行者等发布的印刷于容器上的信息。

(5)在物理形式上分为两个或两个以上独立的部分组成(如一种交互式的多媒体电子资源由一个光盘和视盘组成),且每个独立部分都有自己的信息源时,其主要信息源应优先选用适合资源整体并包含一个总题名的信息来源。

（6）上述信息源均不能提供所需信息时,应按下述优先顺序选取其他信息源:其他已出版电子资源的著录信息(如书目数据库、评论);其他信息源。

5.2 规定信息源

规定信息源是每一著录项目内书目信息的指定来源,具有按上述优先顺序选择的信息源的特征。取自规定信息源之外的信息置于方括号"[ ]"内。

著录项目规定信息源见表2。

表2 著录项目的规定信息源

著录项目	规定信息源
1. 题名与责任说明项	主要信息源,使用文档,容器或其他附件
2. 版本项	主要信息源,使用文档,容器或其他附件
3. 文献特殊细节项	不适用于电子资源
4. 出版、发行(等)项	主要信息源,使用文档,容器或其他附件
5. 载体形态项	任何信息源
6. 丛编项	主要信息源,使用文档,容器或其他附件
7. 附注项	任何信息源
8. 标准编号与获得方式项	任何信息源

任何情况下均应在附注项著录正题名的信息源。版本说明与题名的信息源不同时,也需著录版本说明的信息源。

6 著录级次

著录级次是指文献著录时著录细节的详细层次。著录的详简级次应根据图书馆的性质、编目政策、用户检索需求、服务方式等实际情况来选择不同的著录详简程度。通常著录的详简级次可区分为简要级次(或称第一级次)、基本级次(或称第二级次)和详细级次(或称第三级次)。《中国文献编目规则》(第二版)中规定电子资源主要著录项目和选择著录项目作为著录详简级次的区分依据。

(1) 简要级次

凡仅著录电子资源主要项目的称为简要级次。简要级次包括以下著录单元:

正题名／第一责任说明.-- 版本说明.-- 出版地:出版者,出版年.-- 数量及特定文献类型标识；尺寸 + 附件.--（丛编正题名；丛编编号）.-- 附注.-- 标准编号

(2)基本级次

凡著录电子资源主要项目外,还著录部分选择项目的称为基本级次。基本级次包括以下著录单元:

正题名［一般文献类型标识］= 并列题名:其他题名信息 / 第一责任说明;其他责任说明. -- 版本说明 / 与本版有关的责任说明. -- 出版地:出版者,出版年(制作地;制作者,制作年). -- 数量及特定文献类型标识:其他形态细节;尺寸 + 附件. --(丛编正题名:丛编其他题名信息 / 丛编责任说明;丛编编号). -- 附注. -- 标准编号(限定说明):获得方式

(3)详细级次

凡著录主要项目和全部选择项目的称为详细级次。

在计算机编目环境下,采用机读目录著录电子资源时,应根据书目记录中字段与子字段的必备情况来确定著录的详细级次,同时在记录头标中著录"编目等级"(字符位置17)时,选用以下一个代码标识书目记录的完整程度:

\# = 完全级(编制记录时与编目文献核对过)

\# = 次级1(编制记录时未与编目文献核对过)

\# = 次级2(编制文献临时的书目记录)

\# = 次级3(不完整的书目记录)

7 著录用文字

(1)题名与责任说明项(200)、版本项(205)、出版发行项(210)和丛编项(225)按所著录电子资源信息源中的语言和/或文字著录。外文字母的大小写、标点符号等应遵照其语言文字的书写规则。无法照录的图形及符号,可改用相应内容的其他形式著录,置于方括号"[ ]"内。

(2)一般文献类型标识(200$b)、载体形态项(215)、附注项(3--)、标准编号与获得方式项(010、011、016)的著录,除附注项中关于文献原题名及引用部分一般应按所著录文献本身的文字照录外,均采用中文著录。

(3)版次、出版发行日期、数量、尺寸、价格等数字一律用阿拉伯数字著录。

(4)规定信息源上的文字出现错误时,应著录其正确形式,并在附注项中说明。

(5)无题名的电子资源可自拟题名,并置于"[ ]"中。

(6)采用非汉语著录相关内容时,应按其文字书写规则著录。

第二部分 中文电子资源机读目录著录细则

1 记录头标

字段定义

该部分包含根据 GB/T 2901(ISO 2709)的规定所提供的对记录进行处理时所需要的通用信息。

字段使用情况

记录头标出现在每个记录开头,它是必备的,不可重复。

字段标识符、字段指示符和子字段

记录头标没有字段标识符、字段指示符和子字段。

定长数据元素

数据元素名称	字符数	字符位置
(1)记录长度	5	0—4
(2)记录状态	1	5
(3)执行代码	4	6—9
(4)指示符长度	1	10
(5)子字段标识符长度	1	11
(6)数据基地址	5	12—16
(7)记录附加定义	3	17—19
(8)地址目次区项目结构	4	20—23

结构说明

(1)记录头标位于每个记录的前端,它包含处理记录所需的数据,是对每一条记录的总体说明。

(2)头标的总长度固定为24个字符。字符位置规定从0—23。记录头标的信息,除记录状态、执行代码和记录附加定义要求人工填写外,其他均由计算机系统在转换成 ISO 2709 格式记录时自动生成。

(3)记录长度(字符位置0—4)

五位十进制数字,右对齐,不足五位数字时前置"0"补齐。表示整个记录的字符总数,包括记录头标、地址目次区和数据字段区以及记录结束符。该项数据由计算机自动生成。

(4)记录状态(字符位置5)

用一位字符代码表示记录处理状态。

  c = 经修改的记录

    对原已发行且记录状态为"n""o"或"p"的记录,经过修改更新后的记录,其记录状态应用"c"标识重新发行,以替换原记录。

  d = 被删除的记录

    表示原发行的记录不再有效,应予删除。删除的记录需保留原来的数据字段,且应增加一个300字段,说明该记录删除的原因。

  n = 新记录

    表示新发行的记录。若文献属多层次出版物且做有总记录时,最高层以下的记录其记录状态用"o"标识,不用"n"标识。

  o = 曾发行较高层记录

    该记录为低于最高层的新记录。

  p = 曾发行不完整的记录或出版前记录

    根据正式出版的文献编制的记录,替换不完成的记录或出版前记录。

(5)执行代码(字符位置6—9)

记录类型(字符位置6)

  a = 文字资料印刷品

  b = 文字资料手稿

  c = 乐谱印刷品

  d = 乐谱手稿

  e = 测绘制图资料印刷品

  f = 测绘制图资料手稿

  g = 录像制品、投影制品、电影制品

  i = 录音制品(非音乐)

  j = 录音制品(音乐)

　　　　k=二维图形(图画、设计图等)

　　　　l=电子资源

　　　　m=多载体

　　　　r=三维制品和教具

　　　　u=拓片

　　上述代码使用时要与编目的实际资料一致,而不依据其所附载体的物理形态。如果电子资源具有其他类型文献特征,可采用以下两种方式著录:

　　a)字符位置第6位选用l,在编电子资源作为电子资源描述,同时在记录中增加描述其他类型文献特征的详细资料;

　　b)依据在编电子资源的内容特征选取相应的记录类型代码,并在记录中增加描述电子资源特征的详细资料。

　　例:对一幅数字化地图进行著录,一种方法是字符位置第6位选用l,将数字化地图作为电子资源著录,并在记录中增加测绘制图资料的编码字段和附注字段,说明其测绘制图资料的文献特征;另一种方法是字符位置第6位选用e,将数字化地图作为测绘制图资料著录,并在记录中增加电子资源的编码字段和附注字段,说明其电子资源的文献特征。

书目级别(字符位置7)

　　　　a=分析级(组成部分)

　　　　　　即所著录的文献实体包含在另一个文献之中。如:电子图书的一个章节,电子期刊的一篇期刊论文等。

　　　　m=专著

　　　　　　即一册或限定数量分册即可出全的出版物。如:单部电子文献(专著)、多部电子文献(多卷专著)、多部电子文献中的单册及有计划以有限量分册出全的丛编等。

　　　　s=连续出版物

　　　　　　以连续的卷期并计划无限期连续出版的出版物。如:仍在出版的期刊、已停止出版的整套期刊、报纸、年鉴等。

　　　　c=合集

　　　　　　汇集型书目实体,该代码仅用于人为配套的合集。

层次等级(字符位置8)

　　该代码表示本记录以层次关系与其他记录连接,并揭示本记录在层次中的相对位置,以便于系统将同一文件内该多层次出版物的各层次记录连接在一起。

= 层次关系未定或不采用层次结构

　　0 = 无层次的记录

　　1 = 最高层次的记录

　　2 = 低于最高层次的记录,即所有低层次的记录。如记录状态为"o",则其层次级别代码应为"2"

字符位置 9:未定义,填空(用"#"表示,下同)。

(6)指示符长度(字符位置 10)

用一位十进制数字代码表示字段指示符长度,本格式固定取值为"2"。

(7)子字段标识符长度(字符位置 11)

用一位十进制数字代码表示子字段标识符(如$a)的长度,本格式固定取值为"2"。

(8)数据基地址(字符位置 12—16)

五位十进制数字,右对齐,不足五位数字时前置"0"补齐。表示第一个数据字段相对于记录开始的起始字符位置。由于记录的第一个字符从 0 算起,因此数据基地址的值等于头标和目次区的总字符数。该数值由计算机自动生成。

(9)记录附加定义(字符位置 17—19)

用三个字符位表示处理记录所需的细节。

编目等级(字符位置 17)

　　表示记录的完整程度以及编制记录时是否核对过原文献。

　　　　# = 完全级:记录完整且核对过原文献

　　　　1 = 次级 1:编制记录时未核对过原文献

　　　　2 = 次级 2:文献在出版之前制作的记录(如在版编目)

　　　　3 = 次级 3:记录不完整

著录编目格式(字符位置 18)

　　表示记录的 200—225 字段是否遵循 ISBD 的规定。

　　　　# = 完全遵循 ISBD 的规定

　　　　i = 部分遵循 ISBD 的规定,部分字段符合 ISBD 的规定

　　　　n = 未遵循 ISBD 规定,记录中的数据元素不符合 ISBD 的规定

字符位置 19:未定义,填空"#"。

(10)地址目次区项目结构(字符位置 20—23)

用四位字符代码为地址目次区中每一个地址目次项的结构提供说明,四位字符的内容定义如下:

"字段长度"的长度(字符位置 20)

用一位十进制数字代码表示每个地址目次项内"字段长度"部分的字符位数。本格式固定取值为"4"。

"起始字符位置"长度(字符位置 21)

用一位十进制数字代码表示每个地址目次项内"起始字符位置"部分的字符位数。本格式固定取值为"5"。

"执行定义部分"长度(字符位置 22)

用一位十进制数字代码表示每个地址目次项内"执行定义部分"所占的字符位数。本格式不含此部分,固定取值为"0"。

字符位置 23:未定义,填空"#"。

字段填写说明

(1)记录头标区的信息,除记录状态、执行代码和记录附加定义要求人工填写外,其他均由计算机系统在转换成 ISO 2709 格式记录时自动生成。填写格式如下:

例:00682n　l　m　0　#　2　2　00241　#　#　#　4　5　0　#

0—4　5　6　7　8　9　10　11　12—16　17　18　19　20　21　22　23

| 记录长度 | 记录状态 | 电子资源 | 专著 | 层次等级 | 未定义 | 指示符长 | 子字段长 | 数据基址 | 编目等级ISBD | 格式用 | 未定义 | 字段长 | 起始字符长 | 执行定义 | 未定义 |

(2)记录头标填写时,编目员注意填写第 5、6、7、8 字符位置,其他位计算机自动生成。字符位置第 5 位,缺省值为"n",表示新记录;字符位置6,反映记录的资料类型;字符位置7,反映书目著录方式;字符位置8,反映记录层次等级的变化。

(3)记录头标区的著录,一律使用单字节,字母代码用小写。注意缺省值的修改。

相关字段

200　题名与责任说明,$b一般资料标识

225　丛编项

225　字段指示符为"2#"或"0#",记录状态(字符位置 5)填"o",层次等级(字符位置 8)填"2"。

4--　款目连接块

具有丛书的连接字段 461、462,记录状态(字符位置 5)填"o",层次等级(字符位置 8)填"2";单册分析记录有连接字段 463,合订记录有连接字段 423,书目级别(字符位置 7)代码填"a"。

示例

例1

电子资源（无层次记录）

00682nlm0#2200241###450#

字符位置	值	注释
5	n	新记录
6	l	电子资源
7	m	专著
8	0	无层次记录

例2

电子资源（高层次记录）

00587nlm1#2200245###450#

字符位置	值	注释
5	n	新记录
6	l	电子资源
7	m	专著
8	1	高层次记录

例3

电子资源（低层次记录）

00452olm2#2200221###450#

字符位置	值	注释
5	o	已发行高层记录
6	l	电子资源
7	m	专著
8	2	低层次记录

例4

电子期刊（无层次记录）

00265nas0#2200254###450#

字符位置	值	注释
5	n	新记录
6	a	文字资料印刷品
7	s	连续出版物

8	0	无层次记录

注:将电子期刊作为文字资料著录,在记录中增加电子资源的编码字段和附注字段。

2 0--标识块

定义

本标识块包含用以标识记录或标识在编电子资源的号码。

使用情况

对每条记录001字段为必备,其他字段在具有有效数据时出现。

常用字段

已定义并适合于电子资源的字段如下:

001　记录标识号

005　记录处理时间标识

010　国际标准书号(ISBN)

011　国际标准连续出版物号(ISSN)

016　国际标准音像编码(ISRC)

2.1　001 记录标识号

字段定义

本字段包含与记录唯一相关的标识符号,即编制本书目记录机构分配给本记录的控制号。

字段使用情况

本字段必备,不可重复。

指示符

本字段无指示符。

子字段

本字段无子字段。

填写说明

本字段数据可以由用户自行定义,由计算机系统自动生成。

示例

  例 1

    001 003095356(编目流水号)

  例 2

    001 003133618(编目流水号)

2.2　005 记录处理时间标识

字段定义

本字段包含记录的最后处理日期和时间,以便系统判断所处理记录的版本情况。

字段使用情况

本字段选择使用,不可重复。

指示符

本字段无指示符。

子字段

本字段无子字段。

定长数据元素

日期以 GB/T 7408(ISO 8601)标准形式记入:YYYYMMDD。其中 YYYY 表示年,MM 表示月,DD 表示日。

时间以 HHMMSS.T 形式标识。其中 HH 表示小时,MM 表示分钟,SS 表示秒,T 表示 1/10 秒。

填写说明

各项数据均右对齐,不足的字符位标识"0"。本字段数据由计算机系统自动生成。

相关字段

100　通用处理数据,入档时间(字符位0—7)
　　　用于表示原始记录生成时间,记录修改,时间不变。
801　记录来源,$c处理日期
　　　处理记录来源说明,记录更改、转换和发行的时间。

示例

例1

　　005　20051208104610.0

　　注:该记录最近一次处理时间为:2005年12月8日10时46分10秒。

例2

　　005　20101009115012.0

　　注:该记录最近一次处理时间为:2010年10月9日11时50分12秒。

2.3　010 国际标准书号(ISBN)

字段定义

本字段包含由各国指定的机构分配的国际标准书号和区分记录中的多个国际标准书号的限定信息,本字段与ISBD的"标准号和获得方式项"相对应。

字段使用情况

本字段选择使用,同一电子资源具有多个有效的ISBN时,本字段可重复。

指示符

指示符1:未定义,填空格。
指示符2:未定义,填空格。

子字段

(1)$a　国际标准书号
　　一个包含连字符"-"的正确使用的国际标准书号。不可重复。
(2)$b　限定
　　限定$a的范围,一般为出版社名称、出版物装订标记、ISBN属某集或某卷的关系说明。不可重复。

(3) $d　获得方式和/或价格

在编电子资源的定价和有关获得方式的注释,不可重复。

(4) $z　错误的国际标准书号

错误使用或无效的 ISBN。可重复。

常见字段结构

010　##$aISBN

010　##$aISBN$b限定

010　##$aISBN$d价格

010　##$aISBN$b限定$d价格

010　##$aISBN$b限定$d价格(附加说明)

010　##$aISBN$d价格$z错误 ISBN

010　##$aISBN$b限定$d价格$z错误 ISBN

010　##$b限定$d价格

010　##$d价格

字段填写说明

(1)组成 ISBN 的数字和短横线应完整填入$a子字段,但"ISBN"字样不填。

(2)价格保留小数点后面两位,不可省略。$d记录获得方式和/或价格。获得方式用简短词语书写,如赠品。价格用阿拉伯数字,前置人民币货币代码 CNY;其他货币代码采用《GB 12406—90 表示货币和资金代码》中的代码。

(3)以非购买方式获得的电子资源,按实际情况著录。如:非卖品、赠品。

(4)同一种电子资源有多个有效的 ISBN 时,可重复使用本字段。

(5)只有整套电子资源价格时,只在$d著录整套价格,并在其后用圆括号注明"整套"字样。

(6)具有相同 ISBN,且电子资源各组成部分单独标明其价格,如果采用集中著录,可著录一个 010 字段,在$d分别标明各组成部分价格并用","分开。

(7)与配套图书一起出版的电子资源,只有总价格时,在$d著录总价格,并在其后用圆括号注明"配书"字样。

(8)若 ISBN 错误,应先在$a著录正确的 ISBN,后在$z著录错误的 ISBN。

(9)若电子资源具有 ISBN 和其他标准编号,应在本字段和其他相应的标准编号字段同时著录。

相关著录规则

(1) 电子资源有国际标准书号(ISBN)、国际标准连续出版物号(ISSN)或国际标准音像制品号(ISRC)时应予著录,标准编号前应加"ISBN""ISRC"或"ISSN"等字样。

(2) 国际标准编号(或代用号)经查证属于错误时应照录。若同时标有正确号码和错误号码,则应先著录正确号码,后著录错误号码,并在其后面的圆括号"( )"内注明"错误"。

(3) 由多种物理载体构成的或有多个出版、生产者或发行者而使电子资源有多个标准编号时,应予著录。每个标准编号后著录相关的限定说明和获得方式说明。

(4) 当规定信息源上出现多个标准编号时,应首先著录在编电子资源的编号,然后著录其他编号,冠以下圆点、空格、短横、短横、空格". --"标识。

(5) 电子资源同时记载整套和部分著作的国际标准编号时,先著录整套著作号码,后著录部分著作号码。

(6) 电子资源获得方式的说明及价格应予著录。以购买方式获得电子资源时,货币代码一律使用 GB/T 12406 规定的各种货币的标准代码。以租用方式获得电子资源时,也用同样的形式著录。非卖品应如实著录。获得方式和/或价格冠以空格、冒号、空格" :"标识。有关获得方式和/或价格的一般性附注也可在附注说明。

(7) 对文献标准编号、获得方式的限定说明著录于圆括号"( )"内。

相关字段

011　国际标准连续出版物号(ISSN)

013　国际标准音乐号(ISMN)

015　国际标准技术报告号(ISRN)

016　国际标准音像编码(ISRC)

示例

  例1

    010　##$a7-900413-51-0

  例2

    010　##$a7-900042-53-9$dCNY30.00

  例3

    010　##$a7-900316-69-8$d非卖品

  例4

    010　##$a7-900192-11-5$dCNY1998.00(整套)

注:多部分电子资源只有整套价格时,在$d著录整套价格。

例5

  010 ##$a7-900396-02-0$dCNY32.50(配书)

注:含有配套图书的电子资源。

例6

  010 ##$z7-900371-48-9$dCNY12.00

例7

  010 ##$a7-900413-21-9$dCNY18.60(CD1),CNY19.80(CD2)

注:多部分电子资源具有相同ISBN号,且各部分单独标明其价格。

例8

  010 ##$a7-88835-155-7

  016 ##$aCN-Q08-0032-0

注:电子资源同时具有ISBN和ISRC。

例9

  010 ##$a1-843-52048-6$z1-843-52048-0

2.4 011 国际标准连续出版物号(ISSN)

字段定义

本字段包含由各国的ISSN中心分配的国际标准连续出版物号(包括已分配和已注销的)以及获得方式和/或价格的信息。本字段与ISBD的"标准号和获得方式项"相对应,但识别题名记入530字段。

字段使用情况

本字段选择使用,可重复。

指示符

指示符1:未定义,填空格。
指示符2:未定义,填空格。

子字段

(1)$a 国际标准连续出版物号

  一个包含连字符"-"的正确使用的国际标准连续出版物号。不可重复。

(2) $b 限定

当记录中有多个有效的国际标准连续出版物号时,使用限定词语区分。不可重复。

(3) $d 获得方式和/或价格

在编电子资源的定价和有关获得方式的注释。可重复。

(4) $y 注销的国际标准连续出版物号

以往有效,后被 ISSN 国际中心注销的国际标准连续出版物号。可重复。

(5) $z 错误的国际标准连续出版物号

错误使用或无效的国际标准连续出版物号。可重复。

常见字段结构

011　##$aISSN

011　##$aISSN$b限定

011　##$aISSN$d价格

011　##$aISSN$b限定$d价格

011　##$aISSN$d价格$y注销的ISSN

011　##$aISSN$b限定$d价格$y注销的ISSN

011　##$aISSN$b限定$d价格(附加说明)

011　##$aISSN$d价格$z错误ISSN

011　##$aISSN$b限定$d价格$z错误ISSN

011　##$b限定$d价格

011　##$d价格

字段填写说明

(1) ISSN 由两组四位数中间加短横线组成,数字和短横线应完整地填入$a子字段,但"ISSN"字样则不填。

(2) 一种中文电子资源有 ISBN 号,又有丛编的 ISSN 号时,应在 010 字段和 011 字段同时填写。

(3) 以非购买方式获得的电子资源,按实际情况著录。如:非卖品、赠品。

(4) 同一种电子资源有多个有效的 ISSN 号时,使用$b子字段区分。

(5) 获得方式和/或价格填写在$d子字段,获得方式以自由行文方式填写,价格单位用官方货币符号表示。若所编连续性文献无 ISSN 号,但有获得方式和/或价格时,本字段只有$d子字段。

(6) $y子字段填写取消的ISSN。

(7) 若连续性文献名称改变,实物上的ISSN未更改,则在做连续性文献的记录时,将原ISSN号填写在$a子字段。如果以后有了新的ISSN号,再进行修改,旧的ISSN号填入$y子字段。

相关著录规则

参见010字段。

相关字段

010 国际标准书号(ISBN)

013 国际标准音乐号(ISMN)

014 论文标识号

015 国际标准技术报告号(ISRN)

016 国际标准音像编码(ISRC)

040 CODEN(连续出版物)

225 丛编项

530 识别题名(连续出版物)

4-- 款目连接块

示例

例1

011　##$a1008-3510

例2

011　##$a1672-6391$d非卖品

例3

011　##$a0105-0064$y0036-5646

例4

011　##$a1471-2032$z1471-2035

例5

011　##$dCNY80.00

2.5　016 国际标准音像编码(ISRC)

字段定义

本字段包含由各国指定的机构分配的国际标准音像编码和区分记录中的多个国际标准音

像编码的限定信息,本字段与 ISBD 的"标准号和获得方式项"相对应。

字段使用情况

本字段选择使用,可重复。

指示符

指示符 1:未定义,填空格。
指示符 2:未定义,填空格。

子字段

(1) $a 国际标准音像编码
    一个包含连字符"-"的正确使用的国际标准音像编码。不可重复。

(2) $b 限定
    子字段 $a 中国际标准音像编码范围的标记,一般为出版社名称、出版物装订标记、ISRC 属某集或某卷的关系说明。不可重复。

(3) $d 获得方式和/或价格
    在编电子资源的定价和有关获得方式的注释。不可重复。

(4) $z 错误的 ISRC
    错误使用或无效的 ISRC 号。可重复。

常见字段结构

016　##$aISRC

016　##$aISRC$b限定

016　##$aISRC$d价格

016　##$aISRC$b限定$d价格

016　##$aISRC$b限定$d价格(附加说明)

016　##$aISRC$d价格$z错误ISRC

016　##$aISRC$b限定$d价格$z错误ISRC

016　##$b限定$d价格

016　##$d价格

字段填写说明

参见 010 字段。

相关著录规则

参见 010 字段。

相关字段

010　国际标准书号(ISBN)

011　国际标准连续出版物号(ISSN)

013　国际标准音乐号(ISMN)

示例

　　例 1

　　　　016　##$aCN-R22-05-322-00

　　例 2

　　　　016　##$aCN-D05-05-510-00$dCNY60.00

　　例 3

　　　　016　##$aCN-M37-05-0040-0$d赠品

　　例 4

　　　　016　##$zCN-A35-04-804-05

　　例 5

　　　　010　##$a7-7989-2716-6$dCNY20.00

　　　　016　##$aCN-F18-05-0132-0$dCNY20.00

3　1--编码信息块

定义

本编码信息块包含编码数据元素。

使用情况

当编目机构未在给定字段中提供任何编码时,该字段可省略(必备字段除外)。如果在一个字段中提供的数据不完整,则该字段的空缺位置应标识填充符(|)。

常用字段

已定义并适合于电子资源的字段如下:

100　通用处理数据

101　文献语种

102　出版或制作国别

135　编码数据字段:电子资源

3.1　100 通用处理数据

字段定义

本字段包含的定长编码数据适用于任何载体文献的记录。

字段使用情况

本字段必备,不可重复。

指示符

指示符1:未定义,填空格。
指示符2:未定义,填空格。

子字段

$a通用处理数据

子字段$a以字符位置标识全部数据。字符位从0—35计数。所有被定义的字符位必须在该子字段中出现。不可重复。

定长数据元素

数据元素名称	字符位数	字符位置
(1)入档时间(必备)	8	0—7
(2)出版时间类型	1	8
(3)出版日期1	4	9—12
(4)出版日期2	4	13—16
(5)阅读对象代码	3	17—19
(6)政府出版物代码	1	20
(7)修改记录代码	1	21
(8)编目语种代码(必备)	3	22—24
(9)音译代码	1	25

（10）字符集（必备）	4	26—29
（11）补充字符集	4	30—33
（12）题名文字代码	2	34—35

常见字段结构

100 ##$a入档时间（字符位置0—7）出版时间类型（字符位置8）出版时间1（字符位置9—12）出版时间2（字符位置13—16）阅读对象代码（17—19）政府出版物代码（字符位置20）修改记录代码（字符位置21）编目语种代码（字符位置22—24）音译代码（字符位置25）字符集（字符位置26—29）补充字符集（字符位置30—33）题名文字代码（字符位置34—35）

字段填写说明

本字段固定长36位。每一数据元素应填写在其固定的字符位置上，若填写时，某一字符位置数据元素不能提供，则应在相应的字符位置上用填充字符"#"补齐。

（1）入档时间（必备）（字符位置0—7）

用八位数字代码表示日期。日期以GB/T 7408（ISO 8601）标准形式记入：YYYYMMDD。其中YYYY表示年，MM表示月，DD表示日期。日、月不足两位时前置"0"。入档日期通常是记录建立并以机读形式输入文档的时间。该时间不因记录修改而改变，记录交换时亦应保留这个原始日期。例如："20041209"，表示该记录输入机读数据文档的原始日期为2004年12月9日。

（2）出版时间类型、出版时间1、出版时间2（字符位置8—16）

用一个字符代码表示出版物的出版时间类型，这些出版时间类型根据文献的11种出版发行状态而设定。该代码用于说明出版时间1（字符位置9—12）和出版时间2（字符位置13—16）的性质。出版时间1和出版时间2均用四位阿拉伯数字的年标识。下面主要介绍用于电子资源的出版时间类型。

　　"a"现仍出版的连续性电子资源

　　　　出版时间1记入起始出版年或不同于出版年的创刊年。若起始出版年不确定，则不确定的数字填空格"#"。出版时间2填9999。

　　　　例：a19999999

　　　　　　注：一种连续性电子资源，创刊于1999年出版，现仍在出版。

　　"b"已停止出版的连续性电子资源

　　　　出版时间1记入起始出版年或不同于出版年的创刊年。若起始出版年不确定，则不确定的数字填空格"#"。出版时间2记入停止出版年。如果已知其停止出版，但最后停止的时间不确定时，则不确定的数字填空格"#"。

例：b19992003

注：一种连续性电子资源，创刊于1999年出版，2003年停刊。

"c"出版状态不明的连续性电子资源

不知在编连续性电子资源是继续出版还是已经停刊。出版时间1记入起始出版年或不同于出版年的创刊年。若起始出版年不确定，则不确定的数字填空格"#"。出版时间2填四个空格"#"。

例：c1999####

注：一种连续性电子资源，创刊于1999年出版，现无法查询是否还继续出版。

"d"一次或一年度内出全的电子资源

出版时间1记入出版年，出版时间2填四个空格"#"。

例：d2004####

注：一种电子资源2004年出版。

"e"在编电子资源是复制品

在编电子资源是复制品，出版时间1记入复制出版年，出版时间2记入原出版年或连续出版物的原起始出版年。如果出版时间不确定，其数字可用空格"#"代替。

例：e20021999

注：原始电子资源出版于1999年，2002年电子复制。

"f"出版年不确定的电子资源

出版时间1记入推测的最早出版年，出版时间2记入推测的最晚出版年。不允许填充空格。

例：f20012004

注：推测电子资源出版时间为2001年至2004年。

"g"连续出版时间超过一个年度的电子资源

出版时间1记入起始出版年。若起始出版年不确定，任何不确定数字可用空格"#"代替。出版时间2填最后的出版年。若仍在出版，则记入9999。如果最后的出版年不确定，则不确定的数字可用空格"#"代替。

例：g20032004

注：该电子资源2003至2004年分两部分出版。

"h"具有出版年也有版权/专有权年的电子资源

电子资源所载的出版年和版权年或专有权年不同。出版时间1填出版年，出版时间2填版权/专有权年。若只有版权年或专有权年但出版年不确定,则填"d"。所谓"专有权":是指由政府部门给予作者或书商一定时间的版权专有权。

例:h20001998

注:一种电子资源的出版年是2000,版权年是1998。

"i"具有出版/发行时间和制作时间的电子资源

用于制作(录制)时间与销售、发行时间之间有一段间隔的电子资源。出版时间1填出版、发行年,出版时间2填制作年。

例:i20011998

注:一种电子资源1998年制作完成,2001年出版、发行。

"j"具有详细出版时间的电子资源

当认为出版的月份和日期,对记录意义很重要时使用。出版时间1填出版年,出版时间2按"MMDD"格式填月份和日期,月、日数字右对齐,不足两位用0补齐。若日的位置不用,则填两个空格"#"。

例:j19980516

注:1998年5月16日出版的一种技术报告。

"u"出版年不详

当在编电子资源上没有任何出版时间信息时使用。出版时间1和出版时间2分别填四个空格"#"。

例:u########

注:电子资源上没有出版时间信息。

(3)阅读对象代码(17—19)

用三位字符代码表示使用对象。从左至右填写,不用的字符位置填空格"#"。

    a   青少年(不用或不能用b、c、d、e时,用此代码)

    b   学龄前儿童(0—5岁)

    c   小学生(5—10岁)

    d   少年(9—14岁)

    e   青年(14—20岁)

    k   科研人员

    m   普通成人

    u   不详

(4)政府出版物代码(字符位置20)

用一位字符代码表示在编电子资源是否为政府出版物,以及出版发行该电子资源的政府级别。政府出版物是指政府机构发行或资助出版的文献。政府机构是国家各级权力执行机构,科研院所、学术团体不属于政府机构。政府机构定义有如下代码:

  a 中央政府及各部、委,国务院直属局、行、署级机构

  b 直辖市、省、自治区、特别行政区

  c 省辖市、地区、自治州、盟

  d 县、旗、镇、市辖区级机构

  e 地区间联合机构

  f 国际机构

  g 流亡政府

  h 政府级别不确定

  u 不详

  y 非政府组织

  z 可以确定的其他政府级别

(5)修改记录代码(字符位置21)

由于机器字符集的限制,不能完全照录电子资源题名屏上的文字,对某些特殊字符(如希腊字母)、数学公式或其他无法完整写出的符号,需采用音译或其他变通方法表示。这种情况可认为是修改记录,用一位字符代码表示。若题名屏上出现其他字符集也没收入的符号或图形,因而无法照录,这种情况则不认为记录已被修改。

  0 = 记录无变更   1 = 记录有变更

(6)编目语种代码(必备)(字符位置22—24)

用三个小写拉丁字母的代码表示编目语种。中文电子资源的编目语种为 chi。

(7)音译代码(字符位置25)

中文电子资源书目记录不使用音译代码。固定为 y(未用音译表)。

(8)字符集(必备)(字符位置26—29)

用两组双字符代码表示记录交换时所用的主要图形字符集。字符位置26—27标识 G0 集,字符位置28—29标识 G1 集。不需要 G1 集时,字符位置28—29填空格。中文电子资源书目记录可使用下列双字符代码(国家图书馆使用"50##"):

  01 = ISO 646 IRV version(基本拉丁集)

  10 = GB 2312—80 信息交换用汉字编码字符集基本集

  50 = ISO 10646 Level 3 Unicode 统一编码字符集

(9)补充字符集(字符位置30—33)

用两组双字符代码表示最多两个在记录交换中使用的补充字符集。字符位置30—31标

识 G2 集,字符位置 32—33 标识 G3 集。中文电子资源书目记录不使用补充字符集。字符位置 30—33 填空格"####"。

（10）题名文字代码（字符位置 34—35）

用一组两个字符的代码表示在编电子资源正题名所用的文字。由于中文电子资源著录规则要求正题名用汉字（可含外文字或数字），因此中文电子资源书目记录题名文字代码使用 ea。

示例

100　　##$a20050124d2004####em#y0chiy50#####ea

字符位置	值	注释
0—7	20050124	入档日期
8	d	一次出全的电子资源
9—12	2004	出版日期 1
13—16	####	出版日期 2
17—19	em#	阅读对象普通成人
20	y	非政府出版物
21	0	记录无变更
22—24	chi	编目语种为汉语
25	y	未使用音译
26—29	50##	使用 ISO 10646 Level 3（Unicode 统一编码字符集）
30—33	####	未使用补充字符集
34—35	ea	题名文字为广义中文

3.2　101 文献语种

字段定义

本字段包含在编电子资源的整体、部分或题名的语种代码。如为译著,还应揭示其原著的语种代码。

字段使用情况

在编电子资源有语言文字时,本字段必备,不可重复。

指示符

指示符1:翻译指示符。

　　　　表示文献为原著、译著或含有译文。

　　　　0:原著语种

　　　　1:译著

　　　　2:包含译文(摘要除外)

指示符2:未定义,填空格。

子字段

(1) $a　正文、声道等语种

标识电子资源正文、声道等语种,当电子资源正文、声道含有两种或两种以上语种时,重复本子字段。

(2) $b　中间语种

若电子资源不是直接译自原作,用本子字段标识中间语种。若在编电子资源译自多个中间语种,本子字段可重复。

(3) $c　原著语种

当电子资源为译著时,用本子字段标识原著语种。若原著是多语种,则本子字段可重复。

(4) $d　提要语种

提要或文摘采用的语种不同于正文语种时,用本子字段标识提要或文摘语种。若提要或文摘使用多种语言时,本子字段可重复。

(5) $e　目次页语种

当目次页的语种不同于正文语种时,用本子字段标识目次语种。若有多个目次页语种,则本子字段可重复。

(6) $f　题名屏语种

当题名屏的语种不同于正文语种时,用本子字段标识题名屏语种。若题名屏使用多种语言时,本子字段可重复。

(7) $g　正题名语种

当正题名语种和第一个$a子字段的正文语种不同时,用本子字段标识正题名语种。由于正题名只有一个语种,因此本子字段不可重复。重复出现的其他语种的正题名视为并列题名,其语种代码在200字段的$z子字段中标识。

(8) $h 歌词等的语种

当在编电子资源为含有文字资料的录音制品或印刷乐谱时,如歌词、讲演的录音及其文字资料等,无论其作为附件还是与主文献印在一起,均采用本子字段标识其声音语种或文字语种。可重复。

(9) $i 附件语种

当附件的语种不同于电子资源正文语种时,用本子字段标识文摘、提要、歌词以外的其他附件语种。可重复。

(10) $j 字幕语种

当在编电子资源中字幕语种与声道语种不同时,使用本子字段标识字幕语种。可重复。

常见字段结构

101　0#$a正文语种

101　0#$a正文语种$a正文语种

101　0#$a正文语种$a正文语种$a正文语种

101　0#$a正文语种$d提要语种$e目次页语种

101　0#$a正文语种$g正题名语种

101　0#$a正文语种$f题名屏语种

101　1#$a译文语种$c原著语种

101　1#$a译文语种$b中间语种$c原著语种

101　2#$a译文语种$c原著语种

101　1#$a正文语种$j字幕语种

字段填写说明

(1)每个子字段包含一个三位字符的语种代码,语种代码采用 UNIMARC MANUAL 的 Language codes,世界常用语种代码表见附录 A。

(2)电子资源正文语种填入$a子字段,缺省值为 chi。

(3)当电子资源为译著时,将其原作语种填写在$c子字段。若电子资源不是译自原作时,其译自的中间语种填入$b子字段,原作语种填入$c子字段。

(4)当在编电子资源正文含有两种或两种以上语种时,重复$a子字段。

(5)提要或文摘采用的语种不同于正文语种时,将该语种填入$d子字段。

(6)如在编电子资源目次页、题名屏、正题名及字幕语种与其正文语种不同时,需将其语种分别填写在$e、$f、$g、$j子字段。

(7)如$a子字段重复时,可以根据各语种在电子资源中使用的程度或重要性排列其顺序。无法判断时,可按语种代码顺序排列。当电子资源有多个语种(超过三个)时,使用代码"mul"标识。

相关字段

100　　通用处理数据,编目语种代码(字符位置22—24)
200　　题名与责任说明,$z并列正题名语种
510—541　相关题名

示例

 例1

  101　　0#$achi

 注:电子资源正文为中文。

 例2

  101　　0#$achi$ajpn

 注:电子资源正文为中文和日文。

 例3

  101　　0#$amul

 注:电子资源正文为多语种。

 例4

  101　　2#$aeng$jchi

 注:电子资源正文为英文,有中文字幕。

 例5

  101　　0#$achi$feng

 注:电子资源正文为中文,题名屏为英文。

 例6

  101　　0#$achi$deng

 注:电子资源正文为中文,有英文提要。

 例7

  101　　2#$achi$aeng$ceng

 注:电子资源原著为英文,译成中文,中英对照。

 例8

  101　　1#$achi$beng$crus

 注:电子资源正文为中文,中间语种为英文,原著为俄文。

3.3　102 出版国别

字段定义

本字段包含在编电子资源的一个或多个出版或制作国的国别代码。

字段使用情况

本字段选择使用,不可重复。

指示符说明

指示符1:未定义,填空格。
指示符2:未定义,填空格。

子字段

(1) $a　出版或制作国别

在编电子资源的出版或制作国代码,国家代码采用 GB 2659(ISO 3166)的两位大写字母代码。若电子资源有多个出版或制作国时,可重复。

(2) $b　出版地区代码(非国际标准)

在编电子资源的出版或制作地区代码。该代码取自非 ISO 3166—2 的其他代码表。国内地区可采用 GB 2260 中华人民共和国行政区划代码,代码表的细节在$2子字段中说明。当电子资源有多个出版或制作地时,可重复。

(3) $c　出版地区代码(国际标准)

在编电子资源的出版或制作地区代码。该代码取自 ISO 3166—2。当电子资源有多个出版或制作地时,可重复。

(4) $2　非国际标准出版地区代码来源

说明$b子字段中代码的来源,可重复。

常见字段结构

102　##$a出版或制作国别代码$b出版地区代码$2代码来源

102　##$a出版或制作国别代码$b出版地区代码$a出版或制作国别$b出版地区代码

102　##$a出版或制作国别代码$b出版地区代码$2代码来源$a出版或制作国别代码

字段填写说明

(1)出版地区代码$b置于出版国代码$a之后。出版国代码大写,出版地区代码为6个单字节数字。

(2)出版国代码采用 GB 2659(ISO 3166)的两位大写字母代码。可根据所著电子资源的出版国别选填相应的代码。国内地区采用 GB 2260 的地区代码,省、自治区、直辖市代码见附录 B。

(3)出版国代码应与 210 字段的出版地相对应。若同一国家中出版地区超过一个,而又必须反映时,应重复$a、$b子字段。

相关字段

210　　出版发行等
620　　出版地/制作地检索点

示例

　　例 1
　　　　102　　##aCNb110000
　　　　注:电子资源由北京地区出版社出版。

　　例 2
　　　　102　　##aCNb110000aCNb310000
　　　　注:电子资源由北京、上海两地联合出版。

　　例 3
　　　　102　　##$aSG
　　　　注:电子资源由新加坡出版。

3.4　135 编码数据字段:电子资源

字段定义

本字段包含的定长编码数据,适用于由 ISBD(ER)定义的电子资源。

字段使用情况

本字段选择使用,可重复。

指示符

指示符 1:未定义,填空格。

指示符2：未定义，填空格。

子字段

$a 电子资源编码数据

　　子字段$a以字符位置标识其全部数据。字符位从0—12计数。不可重复。

子字段$a定长数据元素

数据元素名称	字符数	字符位置
电子资源类型	1	0
特定资料标识	1	1
色别	1	2
尺寸	1	3
声音	1	4
图像位深度	3	5—7
文件格式数量	1	8
质量保证指标	1	9
先前的/来源	1	10
压缩级别	1	11
重定格式质量	1	12

(1) 电子资源类型（字符位置0）

用一位字符代码表示数据文件的类型，依照以下电子资源类型代码填写，以在编电子资源的主要内容特征类型进行标识。

　　a = 数字　　　　　　　　h = 声
　　b = 计算机程序　　　　　i = 互动式多媒体
　　c = 图形显示　　　　　　j = 联机系统或服务
　　d = 文本　　　　　　　　u = 不详
　　e = 书目数据　　　　　　v = 多类型组合
　　f = 字体　　　　　　　　z = 其他
　　g = 游戏

(2) 特定资料标识（字符位置1）

用一位字符代码表示数据载体的类型。

　　a = 盒式磁带　　　　　　m = 计算机磁光盘
　　b = 盒式计算机芯片　　　o = 计算机光盘

c = 计算机盒式光盘　　　　　r = 联机系统
　　f = 计算机盒式磁带　　　　　u = 不详
　　h = 大型计算机用磁带　　　　z = 其他
　　j = 计算机软盘

(3) 色别(字符位置 2)

用一位字符代码表示电子资源的颜色特征。

　　a = 单色　　　　　　　　　　m = 混合
　　b = 黑白　　　　　　　　　　n = 不适用
　　c = 多色彩　　　　　　　　　u = 不详
　　g = 灰色　　　　　　　　　　z = 其他

(4) 尺寸(字符位置 3)

用一位字符代码表示电子资源载体的尺寸。通常标识最共同的一部分。多数情况下，尺寸用于描述磁介质或光介质的装载容器。

　　$a = 3\frac{1}{2}$ in　　　　　　　　　n = 不适用

　　e = 12 in　　　　　　　　　$o = 5\frac{1}{4}$ in

　　$g = 4\frac{3}{4}$ in 或 12 cm　　　　u = 不详

　　$i = 1\frac{1}{8} \times 2\frac{3}{8}$ in　　　　　v = 8 in

　　$j = 3\frac{7}{8} \times 2\frac{1}{2}$ in　　　　　z = 其他

(5) 声音(字符位置 4)

用一位字符代码表示声音产品是否属于构成电子资源整体的重要组成部分。

　　# = 无声(静音)
　　a = 声音在介质上
　　u = 不详

(6) 图像位深度(字符位置 5—7)

用三位数字或字符代码表示构成电子资源扫描图像的精确比特深度，或表示不能记录精确比特深度。比特深度是通过定义显示该图像的每一个像元的比特数确定的。如果构成电子资源的精确比特深度不详时，使用代码"---"；多个图像的比特深度不同时，使用代码"mmm"；若已知比特深度，则给出精确的比特深度值。

　　001—999 = 精确比特深度

mmm = 多种比特(含多种类型的图像)

nnn = 不适用

--- = 不详

(7)文件格式数量(字符位置 8)

用一位字符代码表示构成电子资源的文件在数字化重定格式时是采用同一种格式或类型,还是采用多种。

a = 一种文件格式

m= 多种文件格式

u = 不详

(8)质量保证指标(字符位置 9)

用一位字符代码表示在电子资源重定格式时或创建时是否已经包含相应的质量保证指标。通常扫描的质量控制指标包括柯达 Q13 和 Q14 分色指南和灰色级谱(Color Separation Guide and Gray Scale)、柯达 Q60 彩色输入标板(Color Input Target)、AIIM2 号扫描画面检验片(Scanning Test Chart #2)和 RIT 字母数字型分辨率检验器(Alphanumeric Resolution Test Object);而音频文件的质量保证指标包括参考音质和方位音质(reference and azimuth tones)。

a = 缺

n = 不适用

p = 呈现

u = 不详

(9)先前的/来源(字符位置 10)

用一位字符代码表示电子文献的前身或来源。对于没有重定格式的原始形式,如图书、手稿等均标识"a"。摄影资料的"原始形式"概念必须考虑建立者的目的,因为这常常指摄影图像的印刷版本,而不是指摄影负片。

a = 从原始文献复制的文件

b = 从缩微制品复制的文件

c = 从电子资源复制的文件

d = 从缩微制品以外的其他中介产品复制的文件

m= 混合型

n = 不适用

u = 不详

(10)压缩级别(字符位置 11)

用一位字符代码表示电子资源的压缩级别。

a＝未压缩　　　　　　　　　　m＝混合型
　　b＝无损压缩　　　　　　　　　u＝不详
　　d＝有损压缩

（11）重定格式质量（字符位置 12）

用一位字符代码表示电子资源的一般物理特征和打算采用的重定格式的电子资源，用于区分那些打算用于对原文献检索的文件和打算对原文献进行保护（或替代）的文件。重定格式的质量信息类似"130 编码数据字段：缩微制品—形态特征"中字符位置9"代级"的信息。

　　a＝检索
　　　　说明电子资源的质量能支持当前对原文献的电子检索服务，但是不能满足为了对原文献的保护而以此替代原文献的服务。
　　n＝不适用
　　p＝保护
　　　　说明电子资源是通过重定格式建立的，这有助于对原文献的保护。
　　r＝替代
　　　　说明电子资源质量很高，如果原件丢失、损坏或毁坏，该产品可以替代原件提供打印、屏幕显示或播放服务。
　　u＝不详

常见字段结构

135　##$a电子资源类型（字符位置0）特定资料标识（字符位置1）色别（字符位置2）尺寸（字符位置3）声音（字符位置4）图像位深度（字符位置5—7）文件格式数量（字符位置8）质量保证指标（字符位置9）先前的/来源（字符位置10）压缩级别（字符位置11）重定格式质量（字符位置12）

字段填写说明

（1）子字段$a不可重复。所定义的字符位置都必须赋值。

（2）电子资源类型赋值"i"时，表示在编电子资源为用户提供高级别的控制功能，通常可以与计算机和数据进行对话性互动。电子资源类型赋值"c"时，表示图片或图形信息的数据文件，不包括图像格式的文本文件。几种常见电子资源类型代码如下：

电子资源类型	字符代码
图书馆目录或引文数据库	e
联机检索系统	j

文本型连续性资源(含带有检索软件)	d
电子文本	d
电子地图	c
静态图像	c
标记乐谱	z
人口调查数据(文本型)	d
人口调查数据(数值型)	a
数值型数据库(含软件)	a
计算机操作系统	b
计算机软件	b
计算机游戏	g
搜索引擎	b
门户	v
因特网上的系统和服务	j
包含音频、视频的网站	v
流式视频	v
流式音频	h

(3)当先前的/来源(字符位置 10)赋值"a"时,"原件"指未重定格式的原件。这可能是一本书、一部手稿、一张纸或羊皮等。当用于照片时,"原件"的概念则必须考虑创建者的意图,这常常指洗出的照片,而不是摄影负片。

示例

例1

135　##$adrbn#---aaaaa

字符位置	值	注释
0	d	电子资源类型为文本(联机文本文件)
1	r	数据载体类型为联机系统
2	b	电子资源的色别为黑白
3	n	电子资源载体无尺寸
4	#	电子资源无声
5—7	---	电子资源的图像位深度未知
8	a	电子资源采用一种文件格式
9	a	电子资源无质量保证指标

字符位置	值	注释
10	a	电子资源文件是从原文件复制的
11	a	电子资源文件未压缩
12	a	电子资源的质量能支持检索服务

例2

135 ##$acrmn#mmmmucda

字符位置	值	注释
0	c	电子资源类型为图形显示（联机图像文件）
1	r	数据载体类型为联机系统
2	m	电子资源由灰色和彩色图像组成
3	n	电子资源载体无尺寸
4	#	电子资源无声
5—7	mmm	扫描图像采用多位比特深度
8	m	电子资源采用多种文件格式
9	u	电子资源质量保证指标不详
10	c	电子资源文件是从电子资源复制的
11	d	电子资源采用了有损压缩技术
12	a	电子资源的质量支持检索服务

例3

135 ##$adjag#001aambr

字符位置	值	注释
0	d	电子资源类型为文本（电子期刊）
1	j	数据载体类型为计算机软盘
2	a	电子资源的色别为单色
3	g	软盘尺寸为 $4\frac{3}{4}$ in
4	#	电子资源无声
5—7	001	图像位深度为每个像元1比特
8	a	电子资源采用一种文件格式
9	a	电子资源无质量保证指标
10	m	电子资源文件来源于不同类型的文件
11	b	电子资源采用了无损压缩技术
12	r	重定格式质量能替代原件

例4

135　##$adobg#---auada

字符位置	值	注释
0	d	电子资源类型为文本(电子图书)
1	o	数据载体类型为计算机光盘
2	b	电子资源的色别为黑白
3	g	光盘尺寸为 $4\frac{3}{4}$in
4	#	电子资源无声
5—7	---	电子资源的图像位深度未知
8	a	电子资源采用一种文件格式
9	u	电子资源质量保证指标不详
10	a	电子资源文件是从原始文献复制的
11	d	电子资源采用了有损压缩技术
12	a	电子资源的质量能支持检索服务

例5

135　##$avocga---uuuuu

字符位置	值	注释
0	v	电子资源类型为多类型组合(多媒体光盘)
1	o	数据载体类型为计算机光盘
2	c	电子资源的色别为彩色
3	g	光盘尺寸为 $4\frac{3}{4}$in
4	a	电子资源有声
5—7	---	电子资源的图像位深度未知
8	u	电子资源格式不详
9	u	电子资源质量保证指标不详
10	u	电子资源文件来源不详
11	u	电子资源压缩级别不详
12	u	重定格式质量不详

4 2--著录信息块

定义

本著录信息块含除"附注项"和"标准号和获得方式项"以外的其他 ISBD 规定的著录项目。

著录方式

为了全面反映电子资源的内容,便于检索,在编制书目记录时,一定要根据不同的资源类型和特征,针对不同的著录对象,采用不同的著录方式进行著录。

(1)对于单层次(或称无层次)的电子资源,采用基本著录方式,即以单种作品为著录对象,按照规定的著录项目进行著录的方式,只需要编制单个的书目记录来描述。

示例

  001 ##$a7-900391-15-0$dCNY32.00

  200 1#$a2006中国年度汽车评选入围车型导购$b电子资源$f罗应中主编

  215 ##$a1光盘(CD-ROM)$c有声,彩色$d12cm

(2)对于多部分组成的电子资源,根据下列不同的情况,可选择集中著录和分散著录两种著录方式。

a)无分辑(册)名的多部分组成的电子资源应集中著录。若陆续到馆,则在215字段$a子字段作"开口"处理。

示例

  001 ##$a7-900143-79-3

  200 1#$a中华传统美德格言$b电子资源

  215 ##$a2光盘(CD-ROM)$c有声,彩色$d12cm

  注:盘面标签题名题:中华传统美德格言(上册、下册)

b)有分辑(册)名但其不具有独立检索意义时,应分散著录,在200字段$a记录共同题名、$h记录分辑(册)号、$i记录分辑(册)名。

示例

  例1

    001 ##$a7-900143-79-3$dCNY28.00

    200 1#$a好概念英语$i听力篇$b电子资源

    215 ##$a1光盘(CD-ROM)$c有声,彩色$d12cm$e手册(97页;19cm)

例2

  001 ##$a7-900096-24-8$dCNY28.00

  200 1#$a好概念英语$i泛读篇$b电子资源

  215 ##$a1光盘(CD-ROM)$c有声，彩色$d12cm

c) 分辑(册)名具有独立检索意义时，为检索方便，便于区分，可将分辑(册)名选为正题名，共同题名及分辑(册)号著录于丛书项。

示例

  001 ##$a7-900351-82-5$dCNY9.80

  200 1#$a七擒孟获$b电子资源

  215 ##$a2光盘(CD-ROM)$c有声，彩色$d12cm

  225 2#$a三国演义Online

(3) 对于丛编性电子资源，应采用分层次著录方法，分集中著录和分散著录两种著录方式。

a) 集中著录：以整套丛编性电子资源为著录对象，分别著录丛编题名及责任者、出版地、出版者和出版起讫年(可开口)，在载体形态项著录全套总数(可开口)，以总括描述整套丛编的共同书目信息，形成综合款目。

示例

  总集记录：

  200 1#$a从零开始学电脑系列丛书$b电子资源

  210 ##$a重庆$c重庆大学出版社$d2006-

  215 ##$a_光盘(CD-ROM)$c有声，彩色$d12cm

b) 分散著录：以丛编性电子资源的单独作品为著录对象，分别著录丛编各单独作品的题名和责任者，其他著录项目和单层次的电子资源相同，还应增加丛编项，著录该单独作品所属丛编的题名、丛编卷标识等，并上连邻近一层。分散著录的结果形成若干分散款目。

示例

  单册记录：

  001 ##$a7-89496-790-4

  200 1#$aWord 2003 教程$b电子资源$e专家级Expert

  210 ##$a北京$c电子工业出版社$d2006

  215 ##$a1光盘(CD-ROM)$c有声，彩色$d12cm

  225 2#$a微软办公系列国际专业认证丛书

(4)当电子资源包含若干单独作品、重要论文、文件或附录时,若认为有析出意义,或主题分类较分散,6--字段过多,又有必要揭示可使用单册分析方法进行著录,并通过463字段上连该资源。

示例

  单册分析记录:

  200 1#$a金山词霸$b电子资源

  210 ##$a北京$c中国科学技术协会声像中心$d2003

  463 #12001#$a先成电脑

  注:用463字段上连单册层记录。

(5)对于由两个或两个以上作品组成而无总题名的电子资源,由于各作品虽然性质相近,但内容各自独立,应以各作品为著录对象,分别建记录,除第一合订作品记录外,其他各合订作品记录需使用423字段连接第一合订作品的记录。

示例

  200 1#$a笠翁对韵$b电子资源$f北京鸿达以太文化发展有限公司制作

  423 #1$12001#$a三字经

常用字段

已定义并适合于电子资源的字段如下:

200 题名与责任说明

205 版本说明

210 出版发行等

215 载体形态项

225 丛编项

4.1 200 题名与责任说明

字段定义

本字段包含题名、其他题名信息、与题名相关的责任说明以及用其他语言重复的上述信息(并列题名、并列责任说明等)。这些数据元素通常以其在文献上出现的形式和次序进行著录。本字段与ISBD的"题名与责任说明项"相对应。

字段使用情况

本字段必备,不可重复。

指示符

指示符1:题名检索意义指示符。

  指明编目机构是否把记入第一个$a子字段的正题名作为检索点处理,这相当于做题名附加款目,或根据某些编目条例,以题名做主要款目。

  0:题名无检索意义

   不由该题名生成检索点。

  1:题名有检索意义

   由该题名生成检索点。

指示符2:未定义,填空格。

子字段

(1) $a 正题名

  电子资源的主要题名,包括交替题名、但不包括其他题名信息(如副题名)和并列题名。若在规定信息源上同时出现多部文献的题名而无总题名时,同一责任者的多个题名重复记入本字段。必备,可重复。

(2) $b 一般资料标识

  用词语或代码标识文献所属的资料类型,本字段与ISBD"一般文献类型标识"相对应。中文电子资源一般资料标识为:电子资源。可重复。

(3) $c 其他责任者的正题名

  在规定信息源上同时出现多部文献的题名而无总题名时,与主要题名责任者不同的另一责任者的题名可分别记入本字段。可重复。

(4) $d 并列正题名

  出现在$a或$c子字段的正题名的另一种语言和/或文字的题名。对于每个并列题名,本子字段可重复。

(5) $e 其他题名信息

  从属于文献正题名或并列题名的副题名或其他题名说明文字,记录于子字段$a、$c或$d题名之后。可重复。

(6) $f 第一责任说明

  本子字段著录与$a、$c、$d、$h、$i子字段的题名有关的第一责任说明。可重复。

(7) $g 其他责任说明

  本子字段著录出现在第一责任说明之后与$a、$c、$d、$h、$i子字段的题名有关的其他责任说明。可重复。

(8) $h 分辑(册)号

有共同题名(分辑题名)的多卷文献的分辑(册)编号。对于多层分辑(册)编号或并列分辑(册)的编号,本子字段可重复。

(9) $i 分辑(册)名

有共同题名(分辑题名)的多卷文献的分辑(册)题名。这种题名通常为从属题名。对于多层分辑(册)题名或并列分辑(册)的名称,本子字段可重复。

(10) $v 卷标识

若在编电子资源为另一文献一个分卷时,用本子字段标识其分卷号。本字段仅在200字段被嵌套在4--连接字段中时使用。它进一步限定了由4--字段指明的被连接文献与其特定分卷册的关系。不可重复。

(11) $z 并列题名语种

出现在$d子字段的并列正题名的语种代码。如果$d是重复的,则本子字段也应重复,语种代码标识顺序反映并列正题名顺序。本子字段(包括重复的)总是出现在200字段的末尾。可重复。

(12) $5 使用本字段的机构

以代码形式标识的使用本字段的机构名。本字段仅在200字段被嵌套在4--连接字段中时使用。它进一步限定了由4--字段标识的被连接文献与其组成部分之间的关系。不可重复。

(13) $9 正题名汉语拼音

本子字段记录第一个正题名中汉字的拼音形式,跟在相应的$a内容之后。其中的汉字按字注音,全部小写;非汉字成分(如外文字母、阿拉伯数字、标点符号等)保留原有形式。不可重复。

常见字段结构

200　1#$a正题名$b电子资源

200　1#$a正题名$b电子资源$f第一责任说明

200　1#$a正题名$b电子资源$f第一责任说明$g其他责任说明

200　1#$a正题名$b电子资源$d并列题名$d并列题名$f责任说明$z并列题名语种$z并列题名语种

200　1#$a正题名$b电子资源$e其他题名信息$e其他题名信息$f责任说明

200　1#$a正题名$b电子资源$e其他题名信息$d并列题名$e并列其他题名信息

　　　　　$f责任说明$z并列题名语种

200　1#$a正题名$b电子资源$f责任说明$d并列题名$f并列责任说明$z并列题名语种

200　1#$a正题名$b电子资源$e其他题名信息$f责任说明

200　1#$a正题名$b电子资源$d并列题名$e其他题名信息$f责任说明$z并列题名语种

200　1#$a题名$b电子资源$e其他题名信息$a题名$e其他题名信息$f责任说明

200　1#$a题名$b电子资源$f责任说明$c题名$f责任说明

200　1#$a题名$b电子资源$d并列题名$a题名$e其他题名信息$f责任说明$z并列题名
　　　语种

200　1#$a题名$b电子资源$d并列题名$a题名$d并列题名$f责任说明$z并列题名语种
　　　$z并列题名语种

200　1#$a题名$b电子资源$a题名$a题名$f责任说明

200　0#$a题名,连接词(如"又名"),交替题名$b电子资源$f责任说明

200　1#$a共同题名$h从属题名标识$i从属题名$b电子资源$f责任说明

200　1#$a共同题名$h从属题名标识$i从属题名$b电子资源$e其他题名信息$f责任说明

200　1#$a共同题名$i从属题名$b电子资源$f责任说明

200　1#$a共同题名$e其他题名信息$h从属题名标识$i从属题名$b电子资源$f责任说明

200　1#$a共同题名$h从属题名标识$b电子资源$f责任说明

200　1#$a共同题名$i从属题名$b电子资源$d并列共同题名$i并列从属题名$f责任说明
　　　$z并列共同题名语种

字段填写说明

(1)无论电子资源正题名取自何处,必须在304字段著录正题名的来源。

(2)规定信息源中出现交替题名(两个或两个以上组成的正题名),不应重复使用$a,交替题名前冠以"或""又名""亦名""一名"等词语应如实著录。200字段不做检索点,将题名分别记入517字段。此时,200字段指示符1的赋值为"0"。如出现四个以上(含四个)交替题名时,第四个以后的交替题名应著录在304附注项。

(3)当电子资源主要信息源中出现的题名不一致时,应选择最完整的信息来源中的题名作为正题名,在304字段中说明题名的来源,并在312字段著录其他主要信息源中的题名,若题名要作检索点,应记入517字段。

(4)著录中文电子资源时,推荐使用的一般文献类型标识为"电子资源",在$b子字段中著录,$b子字段总是紧跟在正题名或无总题名文献的第一个题名之后。

(5)若一电子资源出现两种以上语种并列题名,可将首先出现的其他文种题名作为并列

题名著录在正题名之后,其余在312字段做附注说明,同时在510字段做检索点。

(6)主要信息源之外的外文题名及取自与正题名不同信息源上的并列题名,在312字段做附注说明,例:"盘面标签××文题名:××",同时在510字段作检索点。

(7)并列正题名作检索点时,510字段省略首冠词。

(8)其他题名信息著录在与其相关的题名之后,填写在$e子字段。规定信息源有两个或两个以上其他题名信息时,重复使用$e子字段。

(9)无总题名的电子资源,若是同一责任者,则正题名依次重复填入$a子字段,若是不同责任者,则电子资源的第一个正题名填入$a子字段,其他正题名依次重复填入$c子字段。

(10)$9子字段一般不单独著录,系统可自动生成$9子字段。

相关著录规则

正题名

(1)正题名是第一个著录单元,无论题名屏的正题名前出现何种著录信息(如责任说明、版本说明、丛编说明、出版发行说明、日期、价格等其他非题名信息),正题名均应著录于题名与责任说明项之首。

(2)正题名可以由名词、短语、词组、通用术语、个人名称、团体名称、缩写、数字等组成。

(3)正题名可以由两部分组成,每一部分都有独立题名的形式,之间用"又名,"分隔,第二部分称为交替题名。

(4)正题名可以包含语言上与题名构成一个整体的责任说明、出版者或其他著录单元细节(如版本说明)。

(5)分辑、补编等的题名独立于共同题名或主电子资源题名时,正题名可由分辑、补编等的题名构成,共同题名著录于丛编项。

(6)分辑、补编等虽有题名或标识,但没有共同题名或主电子资源题名就不足以识别它时,正题名可由共同题名、从属题名、从属题名标识构成。

(7)共同题名或主电子资源题名在语法上是分辑、补编等题名的一部分时,正题名由这两部分题名构成。

(8)电子资源只有一个规定信息源时,正题名按下述规定选取:

a)规定信息源上出现同一语言/文字的多个不同题名时,按题名在规定信息源上的版式或排列顺序选择正题名。其余题名按其他题名信息处理。出现在电子资源规定信息源以外的题名著录于附注项。

b)规定信息源上出现多个不同语言/文字的题名时,选择与电子资源正文语种相同的题名作正题名,其他语种题名作并列题名。

c) 规定信息源上出现多个不同语种的题名,又不能按上述规定选择正题名时,按题名在规定信息源上的版式或排列顺序选择正题名。

(9) 电子资源有多个规定信息源时,正题名按下述规定选取:

a) 电子资源有多个不同语言/文字的信息源,每个规定信息源上分别有相应语言/文字的题名时,选择规定信息源上与电子资源正文语种相同的题名作正题名。

b) 上述规定不适用(如电子资源没有语言和/或文字或使用多种语言和/或文字)时,选择第一个信息源上的题名作正题名。

(10) 规定信息源上有不同的题名,但不是正题名,也未被选作正题名时,该题名作其他题名信息处理。出现在电子资源其他部位的不同题名,著录于附注项。在规定信息源上出现但未被选作正题名的文件名,可著录于附注项。

(11) 当一个电子资源包含两个或两个以上独立作品,规定信息源上有一个总题名,同时每个作品又有各自的题名时,以总题名作为正题名,各独立作品的题名著录于附注项。

(12) 当电子资源无总题名,但其中有一部分作品是主要部分,则以该作品的题名作为正题名,其他作品的题名著录在附注项。

(13) 正题名应按规定信息源上的文字转录,但标点符号和外文大小写除外,无法照录的某些图形或符号可用相应的文字代替。用文字代替时应置于方括号"[ ]"内,并在附注项说明。原题名中的方括号"[ ]"应著录为"( )",以区别于编目员自拟内容或取自规定信息源以外的信息。

(14) 正题名文字如有明显的排版错误应著录其正确形式,并在附注项说明。自拟题名需置于方括号"[ ]"内。过于冗长的题名在保持题名原义的前提下可做删节,但节略部分必须是正题名的中间或末尾,被节略的内容用删节号"..."表示。

(15) 交替题名按规定信息源中的顺序依次著录,题名中间用",又名,"、",一名,"表示。

(16) 电子资源无总题名时,正题名按下述规定著录:

a) 当电子资源包含两个或两个以上独立作品,但没有总题名且不能区分主次时,按规定信息源上的印刷或排版次序依次转录各部分作品的题名。属于同一责任说明的多部作品,题名之间用空格、分号、空格" ; "标识。属于不同责任说明的多部作品,题名之间用下圆点、空格". "分隔,责任说明著录于相应的题名之后。

b) 若电子资源中的独立作品很多,可只著录前三个作品的题名。省略的题名可著录于附注项。

c) 电子资源无总题名而又与上述情况不同时,可著录一个使用与电子资源内容相同的语言和/或文字编写的说明,并置于方括号"[ ]"内。电子资源无语言和/或文字时,可由书目机构选择题名,并在附注项说明。

d) 当电子资源只显示一段文字而无总题名时,应以完整或删节的形式抄录这段文字。删除的整个短语和句子不用删节号表示,缩略的短语或词则要用删节号"…"表示。抄录语句的顺序取决于语句的内容特征、版式和打印格式。这段文字的重要内容,如产品或机构名称,事项的名称、地点和日期,应予保留。上述内容的附加信息或其他方面的内容可著录于附注项。标点符号由书目机构根据需要著录,但应避免使用 GB/T 3792 中具有特殊功能的符号和空格的组合。

e) 正题名由共同题名和从属题名组成时,应先著录共同题名,再著录从属题名标识和/或从属题名。

一般文献类型标识(可选)

(1)一般文献类型标识是以规定的著录方法概括说明在编电子资源所属文献类型的术语。一般文献类型标识应按书目机构选择的语言和/或文字著录于第一个正题名之后。著录为"电子资源",并置于方括号"[ ]"内,方括号前后各空一格。

(2)电子资源由多部作品构成但无总题名时,一般文献类型标识著录于第一个题名之后。

(3)电子资源由一种主要组成部分和一种或多种附属组成部分构成,它们又不属于同一个文献类型时(如一个电子资源带一本手册或挂图),只著录主要组成部分的一般文献类型标识。

并列题名

(1)规定信息源上对应于正题名的其他语种题名作为并列题名著录于正题名之后,并冠以空格、等号、空格" = "标识。

(2)规定信息源以外出现的与正题名语种不同的题名著录于附注项,也可著录于题名与责任说明项,但需置于方括号"[ ]"内。

(3)规定信息源上有多个并列题名时,按并列题名在信息源上的版式或排列顺序著录。

(4)电子资源由多部作品构成而无总题名,每部或任意一部作品有一个或多个并列题名时,并列题名应著录于对应作品的题名之后。

其他题名信息

(1)其他题名信息可与正题名、并列题名或电子资源的独立作品题名一起出现或在其后出现,并对它们进行限定、解释和补充。著录其他题名应冠以空格、冒号、空格" : "标识。

(2)若责任说明、出版发行说明或其他著录单元细节说明(如版本说明)在语法上是其他题名信息的一部分时,其他题名信息应包含这些说明。

(3)正题名由缩略语构成,其全称形式出现在规定信息源上时,全称形式的题名作为其他题名信息著录。

(4)其他题名信息著录于与其相关联的正题名或并列题名之后。

（5）规定信息源上有多个其他题名信息时，按其他题名信息在规定信息源上的版式或排列顺序著录。每个其他题名信息均冠以空格、冒号、空格"："标识。

（6）电子资源无总题名时，其他题名信息按下述规定著录：

a）电子资源有多部独立作品而无总题名，其他题名信息与一部或多部作品的题名相关联时，其他题名信息分别著录于对应的独立作品题名之后。

b）规定信息源上的其他题名信息与同一责任者的多部作品相关联时，其他题名信息著录于所有作品题名之后；同一责任者的多部作品不连贯时，其他题名信息也可著录于附注项。

c）规定信息源上的其他题名信息与不同责任者的所有作品相关联时，其他题名信息著录于附注项。

d）其他题名信息与电子资源独立作品题名的关系不清楚时，可加简要的解释性词语，置于方括号"[ ]"内，也可将其他题名信息著录于附注项。

（7）电子资源有并列题名和并列其他题名信息时，其他题名按下述规定著录：

a）规定信息源上有一个或多个语种的并列题名或其他题名信息时，每个其他题名信息著录于相同语种并列题名之后。

b）规定信息源上有一个或多个语种的并列题名，其他题名信息只用一个语种表示时，其他题名信息著录于最后的并列题名之后。

c）并列题名已将电子资源的正题名和其他题名信息融于一体时，其他题名信息著录于正题名之后，并列题名之前。

d）规定信息源上无并列题名，而有多语种其他题名信息时，首先著录与正题名语种相同的其他题名信息。本规定不适用时，著录规定信息源上的第一个其他题名信息，也可著录其余的其他题名信息，每个其他题名信息之前用"＝"标识。

（8）正题名由共同题名和从属题名构成时，与正题名相关的其他题名信息著录于正题名整体之后。其他题名信息的个别说明可著录在对应的题名后。

（9）规定信息源以外出现的其他题名信息，一般可著录于附注项内，对识别电子资源有重要意义时，可著录于相对应的正题名或并列题名之后，并置于方括号"[ ]"内。

责任说明

（1）责任说明通常包括责任者名称和责任方式。电子资源的责任者是指对电子资源知识或艺术内容的创造或实现负有责任或做出贡献的个人或团体。责任方式是指这种创造、实现与贡献的具体形式。

（2）电子资源的责任者包括作者、程序员、主要研究者、绘画艺术家、作曲家、动画片制作者等。责任者可以是直接创作者（如文本的作者、编者、编译者、翻译者、插图作者、作曲者等),也可以是间接创作者(如软件创作所依据的原著作者),还包括改编者、开发者和设计者等,他们的工作包括电子资源内容的创作和实现(如游戏设计者);也包括对特定资源内容和特定资源类型的特殊责任者(如测绘数据的项目总监、录像片导演)。

(3)责任者不仅包括对作品的创作、生产或实现负有重要责任的个人或团体,也包括规定信息源上出现的对作品负有次要责任的个人或团体(如历史顾问)。对作品起次要作用的个人或团体的相关说明可著录于附注项。

(4)责任者说明可由个人或团体的名称构成。

(5)责任说明可由描述作品的知识贡献或其他重要事项而无具体责任者名称的短语组成。

(6)责任说明可由表明个人或团体任务的名词或短语以及名称构成。

(7)与其他著录单元相关联的内容(如原题名、译作版本信息)在语言学上是责任说明的一部分时,责任说明应包括这些内容。

(8)责任说明可由规定信息源上的附件和其他补充材料的说明构成。

(9)责任说明可由规定信息源上能确切说明与电子资源关系的、作为主办者的团体名称构成。若主办者名称是出版发行说明的一部分,主办者著录于出版发行项。

(10)与电子资源知识或艺术内容责任无关的说明(如题词、献歌、赞助或获奖等)不作为责任说明著录,可以省略或著录于附注项。"附参考手册"等信息,著录于载体形态项。

(11)若责任者名称在语言学上是其他著录单元的组成部分,应著录为该著录单元的一部分,不再重复著录为责任说明。若责任者名称在规定信息源上明显以正式责任说明重复,则需将该名称著录为责任说明。

(12)出现在规定信息源上的团体的职能不明确,且不能从所著录的电子资源或其他地方获取时,该名称不著录为责任说明,可著录于附注项。

(13)责任说明不明确时,在必要时可附加说明词,并置于方括号"[ ]"内。

(14)信息源上有一个或多个责任说明时:

a)出现在规定信息源上,由连词或短语相连的多个个人或团体,无论这些个人或团体对作品是否负有不同责任均著录为一个责任说明。

b)出现在规定信息源上,未以连词或短语相连的多个个人或团体,且这些个人或团体对作品负有不同责任时,著录为多个责任说明。

c)规定信息源上出现的附录和其他补充材料的责任说明可作其他责任说明处理,著录于整个电子资源或电子资源主要部分的责任说明之后。

(15)责任说明应按电子资源上的描述方式转录。第一责任说明著录于题名之后,并冠以空格、斜线、空格" / "标识,不同责任说明冠以空格、分号、空格" ; "标识,同一责任方式的多个责任者除第一个外,其余冠以逗号、空格",″标识。

(16)若责任说明和其他相连的题名并无语法上的关联,个人或团体责任者冠以空格、斜线、空格"／"标识。

(17)规定信息源上有多个责任说明时,按规定信息源上的版式或排列顺序转录,著录数量由编目机构确定,被省略的责任说明可著录于附注项。同一责任方式的责任者一般不宜超过三个,超过三个时,只著录第一个,其后加"…[等]"表示。

(18)责任说明中的个人或团体责任者是以简称或缩称著录时,可将全称著录于附注项。

(19)个人名称所附的学会会员、学位、职称、职务、资格等说明一般应省略,但当语言学上或识别需要时,可著录于个人名称之后。

(20)规定信息源上出现在正题名之前的责任说明,除非语言上与正题名信息有联系,否则应著录于正题名和其他题名之后。责任说明出现在规定信息源上的位置,可在附注项加以说明。

(21)若责任说明和与其相连题名之间的关系不明确,可加连词或短语说明,并置于方括号"[ ]"内。

(22)责任说明包含团体名称并以隶属关系形式出现时,按电子资源上的形式和隶属关系照录。

(23)若规定信息源上有记载,可在中国古代(清代及以前)责任者姓名前著录朝代,并置于圆括号"( )"中;也可以在外国责任者姓名前著录国别,并置于圆括号"( )"中。如无必要,也可省略不录。

(24)规定信息源属多特征综合型(如电子资源由多个部分组成而无统一的信息源)时,责任说明按逻辑顺序转录,也可将电子资源的各独立部分按多层次著录方法著录。

(25)电子资源有并列题名和并列责任说明时,责任说明按下述规定著录:

a)规定信息源上出现一个或多个并列题名或并列其他题名信息相对应的多语种责任说明时,每个责任说明分别著录于相同语种的题名或其他题名信息之后。

b)若不能在每个并列题名或并列题名信息之后著录一个相应的责任说明,则所有的责任说明都著录于最后一个并列题名或并列其他题名信息之后。每个并列责任说明冠以空格、等号、空格"＝"标识。

c)规定信息源上有一个或多个并列题名或并列其他题名信息,而只有一个语种的责任说明时,责任说明著录于最后一个并列题名或并列其他题名信息之后。

d)若规定信息源上无并列题名,而有多种的责任说明时,著录与正题名相同语种的责任说明。本规定不适用时,按版式或排列顺序著录责任说明。如需要,其他语种的责任说明也可著录。并列的责任说明冠以空格、等号、空格"＝"标识。

(26)电子资源无总题名时,责任说明按下述规定著录:

a) 若电子资源无总题名,所有独立作品具有相同的责任说明时,责任说明著录于所有作品题名、并列题名和其他题名信息之后。

b) 若独立作品各有不同的责任说明,每个责任说明著录于对应的题名、并列题名和其他题名信息之后。

c) 若部分而非所有独立作品具有相同的责任说明,责任说明应著录于相应的题名之后。

d) 独立作品既有各自的责任说明,规定信息源上又有整个电子资源的责任说明时,整个电子资源的责任说明著录于所有独立作品的责任说明之后,并用空格、分号、空格" ; "标识。前后责任说明之间的关系,可使用连词或短语加以明确,并置于方括号"[ ]"内。若附加语在语义上不能实现,或可能引起歧义,责任说明的有关部分或解释可著录于附注项。

(27) 若正题名由共同题名和从属题名构成,责任说明著录于正题名之后。

相关字段

101　文献语种

304　题名与责任说明附注

312　相关题名附注

423　合订、合刊

5--　相关题名块

530　识别题名(连续出版物)

示例

　例1

　　200　1#$a书法新天地$b电子资源$f王谐著

　　304　1#$a题名取自盘面标签

　　注:无论电子资源正题名取自何处,必须在304字段著录正题名的来源。

　例2

　　200　1#$a植物学$b电子资源$f蒋金火,傅承传主编

　例3

　　200　1#$aAutoCAD 2004中文版家装施工图绘制入门教材$b电子资源$f华怡建筑工作室编著$g中国水利水电出版社制作

　例4

　　200　1#$a中国农业、农村、农民问题的理论与实践$b电子资源

例 5

  200 0#$a洲际风暴,原名,公路争霸战

  517 1#$a洲际风暴

  517 1#$a公路争霸战

例 6

  200 1#$a中国古代寓言和笑话$b电子资源$a花卉素材库$f河南先博多媒体技术有限公司制作

例 7

  200 1#$a秘书理论与实务$b电子资源

  304 ##$a题名取自题名屏

  312 ##$a盘面标签题名:管理文秘

  517 1#$a管理文秘

例 8

  200 1#$a经络腧穴学$b电子资源$dScience of meridians and acupoins$f徐平主编$zeng

  510 1#$aScience of meridians and acupoins$zeng

例 9

  200 1#$a中国医药卫生学术文库$b电子资源

  510 1#$aPapers on medical sciences of China$zeng

  注:并列题名源于非主要信息源。

例 10

  200 1#$a消费者心理破解方法$b电子资源$dThe study of customer psychological responses$f王瀚骏主讲$g北京时代光华教育发展有限公司制作$zeng

  510 1#$aStudy of customer psychological responses$zeng

  注:510字段省略首冠词。

例 11

  200 1#$a速成商务$b电子资源$e中小企业管理软件

例 12

  200 1#$aCCED$b电子资源$e超级文字处理软件

  注:其他题名著录正题名的全称形式。

例 13

  200 1#$aInternet技术基础$b电子资源$e2版$f(美)Douglas E. Comer著$g袁兆山等译

例 14

　　200　1#$a黑客防线完全合订本$b电子资源$e2000-2004年(总第1期-第37期)

例 15

　　200　1#$a大学物理简明教程$b电子资源$f梁励芬,蒋平编著$g李华翔[等]制作

　　注:四个以上(含四个)责任者时只著录第一个,后加[等]字。

例 16

　　200　1#$a三国演义$b电子资源$f(明)罗贯中著

例 17

　　200　1#$a二十世纪全录$h上$i战争纪实篇$b电子资源$f北京麦特立达软件科技有限公司制作

例 18

　　200　1#$a行天98$b电子资源$f北京时代先锋软件有限责任公司制作$c病毒通缉令$f北京博彦科技发展有限公司制作

例 19

　　200　1#$a传承$b电子资源$e上海市第四批优秀历史建筑$dInheritance$ethe treasure of meritage architectures in modern Shanghai$f冯经明主编$g上海市房屋土地资源管理局编纂$g上海三亚文化传播展示有限公司承制$zeng

4.2　205 版本说明

字段定义

本字段包含电子资源的版本说明、附加版本说明以及与该版本有关的责任说明。本字段与 ISBD 的"版本项"相对应。

字段使用情况

本字段选择使用,可重复。

指示符

指示符1:未定义,填空格。

指示符2:未定义,填空格。

子字段

(1) $a　版本说明

以规范用语著录电子资源的版次和版本说明。不可重复。

(2) $b　附加版本说明

本子字段含有下列有关版本细节的说明或附加版本说明:

某版本内的子版本的区分说明、内容差异说明或子字段$a的其他表示形式。

本字段与ISBD的"附加版本说明"相对应。可重复。

(3) $d　并列版本说明

版本说明($a)的另一种语言或文字形式。可重复。

(4) $f　与版本有关的责任说明

与该版本有关的第一责任说明。位于子字段$a、$b或$d之后。可重复。

(5) $g　与版本有关的次要责任说明

与该版本有关的次要责任说明,位于子字段$f之后。可重复。

常见字段结构

205　##$a版本说明

205　##$a版本说明$d并列版本说明

205　##$a版本说明$f与本版有关的责任说明

205　##$a版本说明$f与本版有关的第一责任说明$g与本版有关的其他责任说明

205　##$a版本说明$f责任说明$d并列版本说明$f并列责任说明

205　##$a版本说明$b附加版本说明

205　##$a版本说明$f与本版有关的责任说明$b附加版本说明$f附加版本说明的责任说明

字段填写说明

(1)$a版本说明中的版次一律用阿拉伯数字著录。

(2)说明电子资源内容特征的文字,如:通俗本、缩写本、英汉对照本等,应著录在200字段的$e子字段,不在本字段著录。

(3)与版本有关的责任说明,最多著录三个,著录方法同200字段的责任说明项。

(4)无总题名的电子资源,所含各种作品载有不同版次与本版有关责任说明时,可著录其中主要著作的版次及有关责任说明,其余在附注项说明,若过于繁杂时可以省略。

(5)有多种载体的电子资源,若有多个版本说明,只著录与整个电子资源相关的版本说明。

(6)如远程访问的电子资源是经常更新的,省略版本说明,如需要可在305字段中说明。

(7)规定信息源版本说明有误,原样照录,同时在附注项说明。

(8)无版次说明时,附加版本说明的词语著录于版本说明($a)。

相关著录规则

版本说明

(1)版本说明是表示电子资源属于某一版本的术语、短语或一组字符,通常用"版本"(edition)说明。其他相关术语还包括"版次"(version)、"级"(level)、"发布"(release)、"更新"(update)等,但这些术语不能作为一个新版本的可靠依据。

(2)电子资源中知识或艺术内容出现明显变化(包括增补和删节)、编程语言/文字上具有明显差异、电子资源的效能发生升级或改良等变化、为使电子资源与其他机器和操作系统兼容而对编程语言/文字或操作系统做出修改时,就构成一个新版本。

(3)物理载体类型的不同(如从磁盘到盒式磁带)、物理载体尺寸的不同(如从14cm磁盘改为9cm磁盘)、文件打印格式的不同(如ASCⅡ与PostScript)、系统相关格式的不同(如IBM与Macintosh)、字符代码、块密度或记录密度不同、输出介质或显示格式的不同(如远程访问电子资源被复制到软盘和光盘上),都不构成新版本。

(4)电子资源具有与资源各部分有关的多个版本说明时(如交互式多媒体作品),应著录与整个资源有关的版本说明,其他版本说明可著录于附注项。

(5)更新频繁的远程访问电子资源,其版本说明可以省略,但应在附注项做适当说明。

(6)出现在附件上的版本说明,只有当该信息标明适用于电子资源时才能视为电子资源的版本说明。

(7)版本说明应按出现在电子资源中的术语照录。出现在规定信息源以外的版本说明置于方括号"[ ]"内。其他类型的数字或以拼音形式出现的数字用阿拉伯数字数字代替,说明性短语对识别版本有必要时,可作为附加版本说明著录于版本说明之后。

(8)若电子资源无版本说明,但与前版本相比确有明显变化时,可使用与规定信息源相同的语种著录一个合适的版本说明,并置于方括号"[ ]"内。

(9)下述版本说明不在版本项著录:

a)版本说明是其他著录项目(如正题名)的组成部分,并已按有关规定著录时,不再在版本项重复著录。

b)包含多部作品且无总题名的电子资源,若版本说明与其中一部分几部分作品有关,此版本说明不著录在版本项,而著录在题名与责任说明项的相关题名后,冠以逗号、空格",″标识。

并列版本说明(可选)

当规定信息源上有多语种的版本说明时,著录与正题名语种相同的版本说明。若此规定不适用,则著录版式中最显著的一个或第一个版本说明。如需要,也可著录并列版本说明,每个并列版本说明冠以空格、等号、空格" = "标识。

与本版有关的责任说明

(1)与本版本有关的责任说明包括个人或团体名称及其责任方式,如新版的修订者、对新版中增补部分或附录等负有责任的个人或团体。与本版有关的第一责任说明冠以空格、斜线、空格"/"标识,与本版有关的其他责任说明冠以空格、分号、空格";"标识。

(2)规定信息源上有与本版或本版部分内容而非作品所有版本有关的责任说明时,应参照本手册"责任说明"的规定著录于版本项。

附加版本说明

(1)电子资源上正式说明它属于某版本中一版或相当于初次定名版本的一版时,著录附加版本说明,附加版本说冠以逗号、空格","。

(2)标有重新发行而电子资源内容没作任何变化时可著录附加版本说明。

(3)可以著录并列附加版本说明,其前用等号" = "标识。

附加版本说明的责任说明

(1)附加版本说明的责任说明应依据本手册"与本版有关的责任说明"的规定照录。与附加版本有关的第一责任说明冠以空格、斜线、空格"/"标识。

(2)可以著录附加版本的并列责任说明,其前用等号" = "标识。

相关字段

200　题名与责任说明
305　版本与书目沿革附注

示例

 例1
  205　##$a3版

 例2
  205　##$a单机版

 例3
  205　##$a2版$b测试版

例4

    205   ##$a网络版$f北京书同文数字化技术有限公司研发

例5

    205   ##$a学生版$dStudents' ed.

4.3 210 出版发行等

字段定义

本字段包含电子资源的出版、发行和制作及其相关时间的信息。本字段与ISBD的"出版、发行项"相对应。

字段使用情况

本字段选择使用,不可重复。

指示符

指示符1:未定义,填空格。
指示符2:未定义,填空格。

子字段

(1) $a 出版、发行地

本子字段记录在编电子资源出版者或发行者所在城市名称,按文献所载名称形式著录。如果该地名不著名或书写有误或已经过时,可根据ISBD的规定,在方括号内补充说明。若有多个出版地或发行地时,本子字段可重复。

(2) $b 出版、发行者地址

如果出版者或发行者不太著名,可用本子字段记录其详细通讯地址,并置于圆括号内。本子字段可重复。

(3) $c 出版、发行者名称

出版发行者名称系指出版或发行该文献的出版社、机关团体或个人。当有多个出版者或发行者时,本子字段可重复。发行者名称后需在方括号内注明为[发行者]。

(4) $d 出版、发行日期

本子字段记录在编电子资源的出版发行年或版权年,允许著录开口时间或时间段。若有出版年又有发行年,可重复本子字段。

(5) $e 制作地

文献的制作地。如果该地名不著名或书写有误或已经过时,可根据 ISBD 的规定,在方括号内补充说明。本子字段可重复。

(6) $f 制作者地址

对于不著名的制作者,应将其完整的邮政地址著录在本子字段。本子字段可重复。

(7) $g 制作者名称

本子字段记录在编电子资源的制作者名称。本子字段可重复。

(8) $h 制作日期

本子字段记录在编电子资源的制作年。本子字段可重复。

常见字段结构

210 ##$a出版地$c出版者$d出版日期

210 ##$a出版地$a出版地$c出版者$d出版日期

210 ##$a出版地$c出版者$c出版者$d出版日期

210 ##$a出版地$c出版者$a出版地$c出版者$d出版日期

210 ##$a出版地$c出版者$d出版日期$e制作地$g制作者$h制作日期

210 ##$a出版地$c出版者$d出版日期$a发行地$c发行者[职能说明]$d发行日期

210 ##$a发行地$c发行者[职能说明]$d发行日期

字段填写说明

(1)远程访问的电子资源均作为已出版的电子资源处理。

(2)当发行者职能未被明确说明时,可在$c子字段中注明"发行者"说明其职能,并置于方括号"[ ]"内。

(3)如果出版地和出版者名称不详,应分别在$a和$c子字段著录[出版地不详]和[出版者不详]。

(4)如果出版地发行日期为推测日期,应将推测年著录在$d中,并置于方括号"[ ]"内,加注"?"。

(5)如果在编电子资源没有出版发行日期时,可在$d子字段中著录版权日期,并在其后注明"版权"字样,置于方括号"[ ]"内;或在$d子字段中将字母"c"置于版权年前,如:c1999。

(6)多次再版的电子资源,著录最近的再版时间。

相关著录规则

"出版发行"这个术语是覆盖与资源相联系的所有类型的出版、制作、发行、发布活动。出版发行项还用于记录与电子资源的物理生产相联系的数据。但这些活动不同于出版、制作、发行等活动,尽管它们可能是由同一个个人或团体完成的。如果一个个人或团体兼有出版、制作、发行等活动以及物理生产活动,或者无法确定个人或团体兼有出版、制作、发行等活动还是仅仅负责物理生产活动,则按被认为是关于出版、制作、发行等给予说明。

在应用国家文献著录标准的背景下,所有远程存取的电子资源被认为是出版了的。

若所著录的电子资源是数字化复制品,复制品的出版和制作说明著录在出版发行项,原件的出版和制作说明应著录于附注项。

出版发行地

(1)出版地按规定信息源上出现的出版发行者所在城镇名称转录。若没有出版发行者,则著录电子资源发布地。

(2)规定信息源上出现的出版发行地有误,除如实著录外,应将正确的地名著录其后,并置于方括号"[ ]"内,或在附注项说明。

(3)规定信息源上有两个出版发行地时,第二个出版发行地冠以空格、分号、空格" ; "标识;有三个及三个以上出版发行地,应按规定信息源顺序著录第一个,在其后加"等"字表示,并置于方括号"[ ]"内,其余出版发行地可在附注项说明。

(4)如果既著录出版者又著录发行者,若发行地与出版地不同,发行地也应著录。

(5)因识别需要,可著录地名的别名或正名,并置于方括号"[ ]"内。

(6)规定信息源上无出版发行地时,可著录已知的城镇名称,并置于方括号"[ ]"内;若城镇名称不明确或属未知,可著录推测的出版发行地,推测的出版发行地需加问号,并置于方括号"[ ]"内;无法推测具体的出版发行地时,可著录其所在省名或国名,并加问号,然后置于方括号"[ ]"内;出版发行地完全无法推测著录时,可著录"出版地不详"字样,并置于方括号"[ ]"内。

(7)规定信息源上的出版发行地有一种以上的语言和/或文字时,应著录与正题名的语言和/或文字相同的出版发行地的名称形式。如果这个标准不适用,则按规定信息源所载的版式或顺序著录最显著的一个或第一个地名。

出版发行者

(1)出版发行者应著录在规定信息源与其关联的出版发行地之后,冠以空格、冒号、空格" : "标识。有多个出版发行者时,应按规定信息源所载在版式上是显著的出版者、位于首位的出版者的优先顺序著录。有两个出版发行者时,每个出版发行者应著录于相应的出版发行地之后；若第二个出版发行者的出版发行地与前一个相同时，可以省略。有三个及三个以上出版发行者时，应按规定信息源顺序著录第一个，在其后加"等"字，并置于方括号"[ ]"内，其余出版发行者可在附注项说明。

(2)规定信息源上既有出版者，又有发行者，著录时可省略发行者，若无出版者信息，应著录发行者信息。

(3)规定信息源上无出版发行者名称时，且无法考证，可著录为"出版者不详"，并置于方括号"[ ]"内。

(4)规定信息源上的出版发行者有一种以上语言和/或文字时，应著录与正题名的语言和/或文字相同的出版发行者名称。如果这个标准不适用，则按规定信息源所载的版式或顺序著录最显著的一个或第一个出版发行者名称。

(5)不能以生产者代替未知的出版发行者，若个人或团体身兼出版、制作、发行或生产各种职能，或职能不明确时，生产者可作为出版者著录。

发行者职能说明

(1)规定信息源上发行者的职能说明应照录。

(2)规定信息源上发行者没有明确职能说明时，应著录一个表示此职能的词语，并置于方括号"[ ]"内。

出版发行日期

(1)出版发行日期著录于相关的出版发行者之后，冠以逗号、空格"，"。

(2)出版发行日期按规定信息源上出现的形式转录，公元纪年以阿拉伯数字形式著录，非公元纪年按规定信息源所载形式著录，并将相应的公元纪年著录其后，并置于方括号"[ ]"内。

(3)若规定信息源上的日期不正确，仍可照录。但应在错误日期后著录正确日期，并置于方括号"[ ]"内。

(4)规定信息源上无出版发行日期时，可著录版权日期或生产日期。

(5)若书目机构认为版权日期很重要，可在出版发行日期后补充著录相应的版权日期。

(6)规定信息源上无出版发行日期且版权日期、生产日期均无法确定时，可著录一个推测日期，并置于方括号"[ ]"内。

(7)电子资源的出版延续一年以上时，应著录最初和最终出版年，并用"-"表示起讫；尚在出版中的电子资源，则著录最早出版部分的日期，后面加连字符"-"。

生产地、生产者、生产日期

(1)规定信息源上无出版发行地及出版发行者时，可著录生产地、生产者及生产日期。

(2)规定信息源上有出版发行地、出版发行者以及出版发行日期，必要时，也可著录生产地、生产者及生产日期。并置于圆括号"( )"中。

相关字段

100 通用处理数据,出版时间1,2(字符位置9—16)
出版年应同时记录在100字段字符位置9—16和210字段$d子字段。

102 出版或制作国别
以代码形式记录出版或制作的国别及地区。

205 版本说明
重印本的重印年可记录在版本项。

345 采访信息附注
可记录出版发行者的详细通讯地址。

620 出版地/制作地检索点
可提供出版地、制作地的检索点形式。

7-- 知识责任块
需作检索点的出版者、发行者或制作者,应将个人或团体名称著录在7--字段。

示例

例1

210 ##$a南宁$c广西金海湾电子音像出版社$d2006

例2

210 ##$a大连$c大连理工大学出版社$c大连理工大学电子音像出版社$d2001

例3

210 ##$a北京$c电子工业出版社$a武汉$c华中科技大学电子音像出版社$d2004

例4

210 ##$a北京$a上海$c世界图书电子音像出版社$d2002

例5

210 ##$a北京$c北京科海电子出版社$d2002

306 ##$a北京科学电子出版社,误题:北京科海电子出版社

例6

210 ##$a成都$c奔流电子音像出版社$d2006

306 ##$a出版地"北京"误题"成都"

例7

210 ##$a北京$c北京银冠电子出版有限公司$d[2000?]

注:[2000?]表示推测在2000年内出版。

例8

  210 ##$a北京$c北京希望电子出版社[等]$d2004

例9

  210 ##$a北京$c[出版者不详]

例10

  210 ##$a[出版地不详]$c[出版者不详]$e长沙$g长沙嘉鸿科技开发公司$h2000

例11

  210 ##$a北京$c北京电子出版物出版中心$d2002-2003

例12

  210 ##$a长沙$c湖南教育音像出版社$d2005-

例13

  210 ##$a北京$c北京碟中碟软件科技发展有限公司[发行者]$d2006

例14

  210 ##$a青岛$c青岛商网网络科技开发有限公司$d2000[版权]

4.4 215载体形态项

字段定义

本字段包含电子资源载体形态特征方面的信息。本字段与ISBD的"载体形态项"相对应。

字段使用情况

本字段选择使用,可重复。

指示符

指示符1:未定义,填空格。
指示符2:未定义,填空格。

子字段

(1)$a 特定文献类型标识和文献数量

  记录电子资源的物理单位和数量、特定文献类型标识的名称、特定格式等。可重复。

(2) $c 其他形态细节

记录电子资源载体形态数据,如:色彩、声音等物理特征。不可重复。

(3) $d 尺寸

电子资源的线性尺寸。可重复。

(4) $e 附件

记录分离于电子资源主体部分并辅助主件使用的附加资料,如说明书、操作手册、使用指南、实物盘片等。可重复。

常见字段结构

215　##$a数量和特定文献类型标识

215　##$a数量和特定文献类型标识$d尺寸

215　##$a数量和特定文献类型标识$c其他形态细节

215　##$a数量和特定文献类型标识$c其他形态细节$d尺寸

215　##$a数量和特定文献类型标识$c其他形态细节$d尺寸$e附件

字段填写说明

(1)本字段用于著录本地存取的电子资源物理载体的形态特征,对于远程访问的电子资源,一般不使用本字段。但对于资源数量信息已知或认为对目录用户重要,可以著录。如果方便获得,可以在$a子字段特定文献类型标识后著录适当级别的总文件大小(字节、千字节、兆字节等),并置于圆括号内。

(2)当电子资源包含不同的载体类型、不同的尺寸大小、不同的输出介质或不同的显示格式时,应重复使用本字段来著录不同的物理形态特征。

(3)集中著录时,著录电子资源的总物理单位数量,如总物理单位数量未知,应做开口记录。多部分电子资源分散著录时,只著录部分资源的数量。

(4)电子资源的其他物理细节填写在$c子字段,各特征之间用","分隔。

(5)对于印刷本图书通过扫描及转换处理后制作的电子图书,可在本字段记录其印刷版图书的载体形态说明,包括原印刷版图书的页数、插图、尺寸等信息。

相关著录规则

(1)载体形态项适用于描述本地存取的电子资源物理载体的形态特征,包括盒式磁带、磁盘、光盘等。计算机技术不断变化,应要求有关条款适应技术的变化。

（2）编目机构可以选择将这些条款应用于远程访问的电子资源。

（3）当电子资源包含不同的载体类型（如盒式磁带和光盘）或不同的尺寸大小（如12cm光盘和9cm软盘）或不同的输出介质或显示格式时,应重复著录每种不同的物理载体形态特征。

数量和特定文献类型标识

（1）数量和特定文献类型标识著录电子资源的构成数量和物理单位,必要时,可附加适当的限定说明。著录特定文献类型标识时,若已在题名与责任说明项著录了一般文献类型标识,即："电子资源",可省略"电子"字样。

（2）物理载体数量一律用阿拉伯数字著录,并置于特定资料类型标识之前,一般不用单位量词。

（3）特殊光盘格式的标识,可著录于特定资料类型标识之后,并置于圆括号内。如：CD-ROM、CD-I、CD、VCD、DVD、MP3等。

（4）一种电子资源包含多种载体类型时,其内容应连续排列。

（5）远程访问的电子资源,若资源数量信息已知或认为对目录用户重要,可以著录。如果方便获得,可以著录适当级别的总文件大小（字节、千字节、兆字节等）,并置于圆括号内。

其他形态细节

（1）其他形态细节依次著录电子资源的插图、颜色、声音等技术特征。

（2）电子资源显示或产生两种或两种以上的颜色时,使用"彩色"著录颜色特征,也可罗列三种特定颜色。对于设计为以一种颜色（如白色、绿色或暗背景的琥珀色磷光）显示的电子资源,不著录"黑白"。显示或产生颜色所需的硬件要求（如色卡、彩色显示器）,应著录于附注项。

（3）有声音或能产生声音的电子资源,应著录"有声"。产生声音必需的条件（如合成器、声音输入组件）则著录于附注项。

尺寸

（1）电子资源的尺寸以"cm"（厘米）为单位著录。不足1cm时按1cm计算。

（2）所著录的尺寸是物理载体本身的尺寸,软盘袋或软盘盒等容器的外部尺寸不需著录。磁盘、光盘或磁带卷应著录其直径。磁带卷的尺寸有必要时可著录其高度和宽度。芯片条著录其外表高度。卡式磁带的尺寸不同于标准尺寸10cm×7cm时,应著录其高度和宽度,磁带宽度不同于标准宽度4mm的磁带,应著录其宽度。

（3）使用容器发布的电子资源,不管是否有附件,可著录容器的尺寸,前置"容器"说明,也可省略该说明。

（4）电子资源由多个不同尺寸的物理载体组成时,可著录其最小尺寸和最大尺寸,并用连字符"-"连接。

附件(可选)

(1)附件说明可以按电子资源上出现的词语或适当的特定资料标识著录。远程访问的电子资源如果不著录载体形态,有关附件的说明可著录于附注项。

(2)附件说明之后可著录附件的简短物理描述,并置于圆括号"( )"内。

(3)附件也可以单独著录,或采用多层次著录方法著录。

相关字段

307　载体形态项附注

示例

　　例1

　　　　215　##$a1光盘(CD-ROM)$c彩色$d12cm

　　例2

　　　　215　##$a1光盘(DVD)$c彩色,有声$d12cm$e说明书(8页;12cm)

　　例3

　　　　215　##$a1芯片条$c彩色$d9cm

　　例4

　　　　215　##$a1盒式磁带$c彩色$d19×9cm,7mm宽

　　　　注:非标准大小的盒式磁带。

　　例5

　　　　215　##$a6光盘(CD-ROM)$c彩色,有声$d12cm

　　　　215　##$a1光盘(DVD)$c彩色,有声$d12cm

　　　　注:电子资源由6张CD-ROM光盘和1张DVD光盘组成。

　　例6

　　　　215　##$a1光盘(CD-ROM)$c彩色,有声$d12cm$e配套图书(228页;26cm)

　　　　307　##$a附书:ISBN 7-112-06149-0

　　　　注:用307字段著录配套图书的ISBN号。

　　例7

　　　　215　##$a1照片(200千字节)

　　　　注:记录远程访问的电子资源的资源数量信息。

　　例8

　　　　215　##$a202页$c图$d21cm

　　　　注:记录数字化图书物理载体的形态特征。

4.5 225 丛编项

字段定义

本字段包含按电子资源上出现的形式和顺序著录的丛编题名以及与该丛编题名有关的其他题名信息和责任说明,包括用其他语种重复的上述各项信息。本字段与 ISBD 的"丛编项"相对应。若某种电子资源同属多个丛编时,则重复本字段。

字段使用情况

本字段选择使用,可重复。

指示符

指示符1:题名形式指示符。

> 丛编题名的检索点形式应记入连接款目 4-- 字段。指示符1指明本字段的丛编说明是否与 4-- 字段中记录的检索点形式相同。
>
> 0:与检索点形式不同
>
> > 本字段著录的丛编说明和检索点形式不相同。即本丛编说明也可作检索点,但不是规范形式。
>
> 1:无检索点形式
>
> > 本字段著录的丛编说明没有对应的检索点形式,即没有 4-- 字段。
>
> 2:与检索点形式相同
>
> > 本字段著录的丛编说明和检索点形式相同。是规范形式。

指示符2:未定义,填空格。

子字段

(1) $a 丛编题名

> 在编电子资源上出现的丛编名。不可重复。

(2) $d 并列丛编题名

> 与出现在$a子字段丛编题名相关的另一种语言和/或文字的丛编题名。可重复。

(3) $e 其他题名信息

> 文献上出现的从属于$a、$d的丛编题名或从属于$i附属丛编名的副题名和其他题名说明文字。可重复。

(4) $f 责任说明

对丛编负有责任的责任者名称。可出现在$a、$d、$h、$i之后。可重复。

(5) $h 附属丛编号

$a子字段中的丛编题名的附属丛编号。对于多层附属丛编号和并列附属丛编号,本子字段可重复。

(6) $i 附属丛编名

$a子字段中的丛编题名的附属丛编名。对于多层附属丛编名和并列附属丛编名,本子字段可重复。

(7) $v 卷标识

在编电子资源在所属丛编中的编号或其他标识。对于每个并列的卷标识,本子字段可重复。

(8) $x 丛编的国际标准连续出版物号

在编电子资源所属丛编的国际标准连续出版物号,如果丛编和附属丛编均有各自的国际标准连续出版物号,本子字段可重复。

(9) $z 并列丛编题名语种

出现在$d子字段中的并列题名的语种识别代码。若$d子字段重复出现,本子字段也随之重复,并依并列题名顺序标识。本子字段及其重复的子字段总是位于本字段的尾部。

常见字段结构

225 2#$a丛编正题名

225 2#$a丛编正题名$v丛编编号

225 2#$a第一丛编正题名;225 2#$a第二丛编正题名

225 2#$a丛编正题名$d丛编并列题名$z并列丛编题名语种

225 2#$a丛编正题名$f丛编责任说明$v丛编编号

225 2#$a丛编正题名$e丛编其他题名信息$f丛编责任说明$v丛编编号

225 2#$a丛编正题名$x丛编 ISSN$v丛编编号

225 2#$a丛编共同题名$h分丛编标识$i分丛编题名

225 2#$a丛编共同题名$i分丛编题名

225 2#$a丛编共同题名$i分丛编题名$d并列共同题名$i并列分丛编题名$z并列丛编题名语种

225 2#$a丛编共同题名$i分丛编题名$x分丛编ISSN

字段填写说明

（1）同属多种丛编的电子资源,应分别填入多个225字段。超过两种以上丛编时,应著录较为重要的丛编。

（2）丛编的各种数字型编号在$h子字段客观著录,在$v子字段用阿拉伯数字表示。

（3）在编电子资源既有主丛编的卷标识$v,又有分丛编的卷标识$v,将主丛编的卷标识$v在附注项说明。

（4）丛编题名有多种并列题名时,一般只著录一种,其余可省略。

相关著录规则

（1）电子资源的各个部分均属于同一丛编或分丛编时使用丛编项。当一种电子资源属于多种丛编或分丛编时,丛编项可重复著录,著录按规定信息源上的顺序。每个丛编说明置于圆括号"（）"中。

（2）丛编项或分丛编的著录参照本手册正题名有关规定著录。

（3）规定信息源上的丛编或分丛编题名具有多种语言或文字时,其丛编并列题名参照本手册并列题名的有关规定著录,每个并列题名冠以空格、等号、空格"＝"标识。

（4）规定信息源上出现的丛编或分丛编其他题名信息如认为对识别该丛编有必要时,可予以著录,每个其他题名信息冠以空格、冒号、空格"："标识。

（5）丛编或分丛编题名为通用术语时,必须著录第一责任说明。若丛编或分丛编的第一责任说明对识别该丛编有必要且出现在规定信息源中,应予以著录。

（6）若丛编或分丛编的国际标准连续出版物号已知,应予以著录。

（7）使用阿拉伯数字著录丛编或分丛编的编号,并冠以空格、分号、空格"；"。

相关字段

011　国际标准连续出版物号

461　总集

　　在编目文献连接总集记录时,与461字段相关。

462　分集

　　在编目文献连接分集记录时,与462字段相关。

7--　知识责任块

　　如果需要对225字段中$f子字段著录的个人或团体名称进行检索,其名称的检索点形式应著录在7--字段或著录在嵌入4--字段的7--字段中。

示例

例1

225 2#$a青苹果电子图书系列

例2

225 2#$a第三波游戏攻略系列

例3

225 2#$aSPSS应用系列丛书$v1

例4

225 2#$a电脑魔法学校$dComputer magic school$zeng

例5

225 2#$a牛津剑桥口袋书$i百科博览系列

5　3--附注块

定义

本附注块是以自由行文方式对著录项目或检索点作进一步陈述的附注信息,可涉及文献或其内容的物理组成的各个方面。

使用情况

本信息块有30个子字段,分类较细。有两种做法,第一种做法严格按字段要求使用,第二种做法300—315合并使用,320—345字段按要求使用。本手册按照第一种做法,将附注内容分别著录在相应的专指字段中。

某些附注类型可遵循ISBD关于附注内容和形式方面的规定,包括标识符的处理。本手册建议尽可能执行ISBD规则。

常用字段

已定义并适合于电子资源的字段如下:

300　一般性附注

301　标识号附注

304　题名与责任说明附注

305　版本与书目沿革附注

306　出版发行等附注

307　载体形态附注

308　丛编附注

310　装订及获得方式附注

312　相关题名附注

314　知识责任附注

324　原作版本附注

327　内容附注

330　提要或文摘附注

333　使用对象附注

336　电子资源类型附注

337　系统需求附注(电子资源)

345　采访信息附注

393　系统外字符附注

5.1　300 一般性附注

字段定义

本字段包含在编电子资源或其相关记录的任何方面的附注。它可以代替字段301—315任何一个附注字段,或者当源格式没有提供与本格式相同的附注类型时,300字段可包含那些不能分配在更为专指的附注字段的任何附注。

字段使用情况

本字段选择使用,可重复。

指示符

指示符1:未定义,填空格。
指示符2:未定义,填空格。

子字段

$a　附注内容
　　记录其他附注字段不适合著录的任何附注内容。不可重复。

常见字段结构

300　##$a一般性附注

字段填写说明

(1)填写电子资源一般性附注,记录在301—345字段无法填写,但又必须说明的附注。如:电子资源特性、范围、艺术形式用途或语言的附注;远程访问资源的附注;其他附注等。

(2)电子资源如有多条附注,重复本字段。

相关著录规则

(1)电子资源特性、范围、艺术形式用途或语言的附注;其他著录项目未说明的电子资源特性、范围、艺术形式、用途或语言等应在附注项说明。

(2)所编电子资源中包含译著或改编作品时,应在附注项中著录题名原文,并可说明资源中所用语言与其他资料关系。

(3)远程访问资源的附注:远程访问的电子资源应对著录数据时电子资源被浏览的日期进行附注说明。

(4)其他附注:包括本地指定的文件名、资源内容从其他信息源拷贝日期的附注。

相关字段

301—345字段

示例

  例1

    300 ##$a国家863计划中国数字图书馆示范工程

  例2

    300 ##$a西北政法学院2000年电子出版物重点资助项目

  例3

    300 ##$a网络教学科成系列教材

  例4

    300 ##$a卫生部医CAI课件

  例5

    300 ##$a根据扬·马特尔同名小说改编

  例6

    300 ##$a适合包括"3+X"在内的各种高考模式

  例7

    300 ##$a据该杂志网站网页Vol.3,no.3(1995)著录

例 8

  300 ##$a著录所依据的主页日期:2009-10-12

5.2　301 标识号附注

字段定义

本字段包含与在编电子资源上或本记录中出现的标识号有关的附注。

使用情况

本字段选择使用,可重复。

指示符

指示符 1:未定义,填空格。
指示符 2:未定义,填空格。

子字段

 $a 附注内容
   记录与标识号有关的附注内容。不可重复。

常见字段结构

301 ##$a标识号附注

填写说明

记录与标识号有关的附注,若标识号不能填入 010 至 094 字段,则可填入本字段。若要记入多个标识号的附注,可以重复著录在本字段。

相关编目规则

标识号的附注:包括除国际标准编号(ISSN、ISBN、ISRC)以外的,与电子资源相关的号码。

相关字段

0-- 标识块

示例

例1

  301 ##$a软件著作权登记号:2004SR11303

例2

  301 ##$a科海编号:1463

5.3 304 题名与责任说明附注

字段定义

本字段包含有关在编电子资源 200 字段的题名和/或责任说明的附注。

字段使用情况

本字段必备,可重复。

指示符

指示符1:未定义,填空格。
指示符2:未定义,填空格。

子字段

$a 附注内容

  记录有关 200 字段的题名和/或责任说明的附注。不可重复。

常见字段结构

304 ##$a题名与责任说明附注

字段填写说明

(1)本字段记入 200 字段的附注,它可以指出题名的来源,或在著录时被省略的题名和责任者中的其他部分。如有多条附注,则每条附注应分别记入一个重复的 304 字段。注意与 312 字段的区别,312 字段著录相关题名的附注。

(2)任何情况下,正题名的出处都应在本字段著录。

(3)200 字段$f、$g与 7--字段不同时,必须在本字段作附注。

相关著录规则

(1) 正题名来源附注：对于电子资源，任何情况下均需著录正题名的来源。

(2) 并列题名和其他题名信息的附注：未在题名与责任说明项著录的并列题名和其他题名信息，如有必要可在附注项著录。

相关字段

305　版本与书目沿革附注

　　有关200字段中题名的先前题名和后续题名的细节记入305字段。

312　相关题名附注

　　在编电子资源上的其他题名或相关的统一题名的细节记入312字段。

314　知识责任附注

　　未记入200字段的有关知识责任的附注记入314字段。

示例

例1

　　304　##$a题名取自题名屏

例2

　　304　##$a题名取自盘面标签

例3

　　304　##$a合订著作还有：三剑客

例4

　　304　##$a题名屏原题编著者为：崔奇明，李友红，崔舒婷，李琦诺

5.4　305 版本与书目沿革附注

字段定义

本字段包含与在编电子资源的版本及书目沿革有关的附注。

字段使用情况

本字段选择使用，可重复。

指示符

指示符1：未定义，填空格。

指示符2：未定义,填空格。

子字段

$a　附注内容

　　记录有关电子资源的版本及书目沿革的说明或补充。不可重复。

常见字段结构

305　##$a版本与书目沿革附注

字段填写说明

（1）本字段是对205字段的进一步说明,包含关于在编电子资源此版本的附注,以及当没有相应的连接款目字段时,与该文献相关联的其他文献的附注。如有多条附注,则每条附注应分别记入一个重复的305字段。

（2）填写与题名来源不同的版本说明的出处。

（3）填写远程访问电子资源频繁的内容修改的说明、资源和其他资源的关系和其他版本（包括重版）的细节说明,以及数据内容涵盖的日期、数据收集的日期、补充文件和附件的日期等。

相关著录规则

（1）版本说明信息源的附注：版本说明的来源与题名的来源不同时,应在附注项说明。

（2）书目历史沿革的附注：有关远程访问电子资源频繁的内容更新的说明,应在附注项说明。与电子资源的内容、使用和条件有关数据内容覆盖日期、数据收集日期、不单独著录的补编文件和附件的日期应做附注说明。

相关字段

300　一般性附注

311　连接字段附注

4--　款目连接块

示例

　　例1

　　　　305　##$a版本说明取自附件

　　例2

　　　　305　##$a美国微软公司授权出版

例 3

  305 ##$a版本说明取自使用手册

例 4

  305 ##$a频繁更新:最新更新日期:2004-05-10

5.5 306 出版发行等附注

字段定义

本字段包含有关在编电子资源的出版、发行等方面的附注。

字段使用情况

本字段选择使用,可重复。

指示符

指示符 1:未定义,填空格。
指示符 2:未定义,填空格。

子字段

 $a 附注内容

  记录未记入 210 字段的有关出版、发行、印刷等方面的附注内容。不可重复。

常见字段结构

306 ##$a出版发行等附注

字段填写说明

(1)如有多条附注,每条附注应分别记入一个重复的 306 字段。

(2)规定信息源所载的出版地或发行地有误,应原样照录,同时在 306 字段说明。

(3)规定信息源所载出版、发行者有误,应原样照录,同时在 306 字段说明。

(4)规定信息源所载出版年有误,并在 306 字段说明正确的出版年。

相关著录规则

出版发行项的附注:包括电子资源的其他出版者、制作者或发行者的细节说明,不同的出版、生产或发行情况和其他日期的说明。

相关字段

210　出版发行等

620　出版地/制作地检索点

示例

　　例1

　　　　210　##$a上海$c图腾电子出版社$d2003

　　　　306　##$a出版地"北京"误题"上海"

　　例2

　　　　210　##$a武汉$c湖北大学出版社$d2105［2005］

　　　　306　##$a正确出版年为：2005

　　例3

　　　　210　##$a南宁$c广西人民族音像出版社$d2003

　　　　306　##$a广西民族音像出版社，误题：广西人民族音像出版社

　　例4

　　　　306　##$a内部发行

　　例5

　　　　306　##$a限中国大陆发行

　　例6

　　　　210　##$a北京$c科海电子出版社［等］$d2004

　　　　306　##$a出版者还有：中国标准出版社、方圆电子音像出版社

5.6　307 载体形态附注

字段定义

本字段包含有关电子资源载体形态的附注。

字段使用情况

本字段选择使用，可重复。

指示符

指示符1：未定义，填空格。

指示符2：未定义，填空格。

子字段

　　$a　附注内容
　　　　记录有关电子资源载体形态方面的补充说明和详细说明，主要是215字段无法反映的内容。不可重复。

常见字段结构

307　##$a载体形态附注

字段填写说明

本字段包含的数据是未记入215字段的有关电子资源载体形态方面的附注。如有多条附注，则每条附注应分别记入一个重复的307字段。

相关著录规则

载体形态项的附注：未在载体形态项著录的电子资源的附加形态描述，如有必要可在附注项著录。有关远程访问电子资源的声音和颜色可著录在附注项。

电子资源类型和数量及其他资源特征可著录于附注项。其他附注说明还包括：有关物理载体不同的附注、资源以及其他媒体介质或不同机器或系统版本或不同格式可获得性的附注、数据物理显示的附注、电子资源的记录特点附注、容器的附注、资源内不同资料类别之间关系的附注等。

相关字段

215　载体形态项

示例

　　例1
　　　　307　##$a附书：ISBN 7-112-06149-0
　　例2
　　　　307　##$a图像用JPEG格式压缩
　　例3
　　　　307　##$a容器：12×36×20cm

例4

　　307　##$a附件:用户指南(69页 ;23cm)

注:远程访问电子资源的附件说明。

5.7　308 丛编附注

字段定义

本字段包含在编电子资源所属丛编或曾经所属丛编的附注。

字段使用情况

本字段选择使用,可重复。

指示符

指示符1:未定义,填空格。
指示符2:未定义,填空格。

子字段

　$a　附注内容
　　　包含在编电子资源所属丛编的附注内容。不可重复。

常见字段结构

308　##$a丛编附注

字段填写说明

(1)所描述的电子资源曾属于某个丛编,应为此丛编作附注。

(2)本字段包含在编电子资源所属丛编的附注。如有多条附注,则每条附注应分别记入一个重复的308字段。

相关著录规则

丛编项的附注:未在丛编项著录的丛编信息可在附注项中著录。如:该电子资源过去曾编入或某些分卷形态曾编入的丛编名称。

相关字段

225   丛编项

461   总集

462   分集

示例

例1

308   ##$a曾被收入《全国卫生专业技术资格考试丛书》

例2

308   ##$a本电子资源既被收入《四库全书》,也被收入《四部丛刊》

例3

308   ##$a主丛编编号:021

5.8 310 装订及获得方式附注

字段定义

本字段包含与电子资源的装订及获得方式有关的附注。

字段使用情况

本字段选择使用,可重复。

指示符

指示符1:未定义,填空格。
指示符2:未定义,填空格。

子字段

$a   附注内容

有关电子资源装订及获得方式的附注内容。不可重复。

常见字段结构

310   ##$a装订及获得方式附注

字段填写说明

(1)记录在编电子资源装订及获得方式的补充说明和详细说明。如有多条附注,则每条附注应分别记入一个重复的310字段。

(2)当电子资源各组成部分或著录信息源价格不一致,记录关于价格的详细说明。

相关著录规则

标准编号与获得方式的附注:未在标准编号与获得方式项著录的相关信息可在附注项说明。可包括限量出版和限量发行的附注。

相关字段

010 国际标准书号(ISBN)

011 国际标准连续出版物号(ISSN)

016 国际标准音像编码(ISRC)

示例

 例1

  310 ##$a赠盘,内部发行

 例2

  010 ##$a7-900699-07-4$aCNY11.00

  310 ##$a本光盘封套价格:CNY28.00

 例3

  310 ##$a仅发行500套

5.9 312 相关题名附注

字段定义

本字段包含有关在编电子资源正题名或并列正题名以外的其他题名的附注。

字段使用情况

本字段选择使用,可重复。

指示符

指示符1:未定义,填空格。

指示符2:未定义,填空格。

子字段

$a　附注内容

包含有关在编电子资源上出现的、正题名和并列正题名以外的任何其他题名以及为人所熟悉的该文献其他题名的附注明内容。不可重复。

常见字段结构

312　##$a相关题名附注

字段填写说明

当电子资源的正题名与题名屏、盘面标签、封套和与其他位置出现的题名涵义相同而措辞有异时,记录这些有差异的题名文字与说明,并前置相应导词。如:题名屏题名、盘面标签题名、盒面题名、封套题名等。本字段的内容只作附注显示,不作检索点用。如要作检索点,则应选择相应的"5--"字段著录。

相关著录规则

信息源出现的其他题名以及翻译题名可在附注项说明。

相关字段

304　题名与责任说明附注
　　本字段用于记入与文献的主要题名有关的附注,当并列题名是题名与责任说明字段的组成部分时,可用本字段作并列题名附注。

305　版本与书本沿革附注
　　本字段用于记入与相关文献的题名有关的附注,此类附注不应记入312字段。

5--　相关题名块
　　本块用于记入适于作检索点的相关的题名。如需为这类题名作附注,应将其记入312字段。并列题名的附注可记入304字段,也可以记入312字段,这取决于并列题名是否包括在题名与责任说明项。

示例

例1

312　##$a盘面标签题名:金融与证券

例2

  312 ##$a盒面题名:生存的奥妙

例3

  312 ##$a说明书题:原名,华鼎进销管理系统

例4

  312 ##$a封套题名:双向销售管理模式

5.10 314 知识责任附注

字段定义

本字段包含与在编电子资源的知识责任有关的附注。

字段使用情况

本字段选择使用,可重复。

指示符

指示符1:未定义,填空格。
指示符2:未定义,填空格。

子字段

$a 附注内容
  包含有关在编电子资源知识责任的附注,责任说明附注除外(参见304字段)。包括对该电子资源负有知识责任的、未记入该记录其他字段的个人或团体(包括会议)。不可重复。

常见字段结构

314 ##$a知识责任附注

字段填写说明

(1)本字段包含有关在编电子资源知识责任的附注,责任说明附注除外(参见304字段)。如有多条附注,则每条附注应分别记入一个重复的314字段。电子资源的题名屏、盘面标签、封套和与其他位置出现的与200字段责任者不同描述时,应作附注。

(2)多部电子资源的不同部分出现不同的知识责任描述时,作附注。

(3)责任者超过3个以上,有必要说明时,可在本字段作附注。

相关著录规则

未在题名和责任说明项著录的个人和团体,如有必要可在附注项著录,包括取自资源以外的责任说明(如取自容器或随附文字资料)、个人或团体名称的变异形式或扩展形式、假名、对著作负有技术生产、管理和咨询职能的个人或团体等。

相关字段

304　题名与责任说明附注

　　与责任说明的数据有关的附注应记入304字段,而不是记入314字段。

7--　知识责任块

　　凡与本块中各字段的数据有关的附注,均应记入314字段。

示例

　　例1

　　　　314　##$a盘面标签责任者题:北京阳光互动文化传播有限公司制作
　　　　注:与200字段责任者不同描述。

　　例2

　　　　314　##$a飞思数码产品研发中心监制
　　　　注:该信息没有在200字段中出现。

　　例3

　　　　314　##$a程序开发者有:丁建明,王锴

5.11　324 原作版本附注

字段定义

本字段包含有关复制品原作的附注。当在编电子资源为原作的复制品(如数字化产品)时,本字段记录其原版文献的书目信息。

字段使用情况

本字段选择使用,不可重复。

指示符

指示符1：未定义，填空格。
指示符2：未定义，填空格。

子字段

$a　附注内容
　　使用本子字段记录其原版文献的书目信息。不可重复。

常见字段结构

324　##$a原作版本附注

字段填写说明

(1)本字段通常含有"复制自"等导语。可以由455字段生成，当在本字段对原版文献进行描述时，应使用ISBD标识符。
(2)对于印刷型文献通过扫描及转换处理后制作的电子文献，其版式等与印刷本相同，可视为印刷本的复制品，启用本字段。

相关著录规则

若电子资源是另一种资源的复制件(如一种印刷资料的数字化版本)，则必须在附注项中说明该资源是一种复制件，并著录原资源的题名(若不同于复制件的题名)、原出版地和出版者等。

相关字段

305　版本与书目沿革附注
325　复制品附注
455　复制自
456　复制为

示例

　　例1

　　　324　##$a复制自：电子商务与现代物流［专著］／吴健编著.-- 北京：北京大学出版社，2014

例2

  324 ##$a据科学出版社1999年版同名图书数字化

5.12　327 内容附注

字段定义

本字段包含有关在编电子资源内容的附注。

字段使用情况

本字段选择使用,可重复。

指示符

指示符1:完整程度指示符。

    指明本字段的附注是否完整地记录了作品的内容。

    0:内容附注是不完整的

    1:内容附注是完整的

指示符2:结构指示符。

    #:非结构式附注

    1:结构式附注

子字段

 $a 附注内容

  使用本子字段记录在编电子资源的内容的附注。可重复。

常见字段结构

327 0#$a部分子目
327 1#$a全部子目

字段填写说明

本手册采用非结构形式,各组成部分分别记入重复的$a子字段。指示符2置"#"。数据应尽量使用ISBD数据元素的定义和标识符。

相关著录规则

内容的附注:包括电子资源的内容列表(其中包括责任说明、范围说明等)以及索引、插页等其他方面的附注。对于视听资源,可著录各部分的播放时间。

相关字段

464 单册分析

本字段可用于描述一个单册分析级的文献实体,且每个464字段均可直接生成一条附注。

示例

例1

327 1#$a1.经部$a2.史部$a3.子部$a4.集部$a5.蒙学

例2

327 0#$a氧自由基与胃黏膜损伤／吴叔明主讲$a胃黏膜保护剂的发展及临床应用／黄仲义主讲$a胃黏膜损伤与保护／李兆申主讲

5.13 330 提要或文摘附注

字段定义

本字段包含在编电子资源的提要或文摘的附注。

字段使用情况

本字段选择使用,可重复。

指示符

指示符1:未定义,填空格。
指示符2:未定义,填空格。

子字段

$a 附注内容

各种类型的提要或文摘,包括信息性的、指示性的、评论性的或评价性的均可记入本字段。不可重复。

常见字段结构

330　##$a内容提要

字段填写说明

(1)题名(包括其他题名信息和丛编题名)、附注内容及主题词均未反映电子资源内容,有必要说明时,填写提要。

(2)附注内容的填写可以自由行文,提要文字要简练,不要用许多修饰性词语。

相关著录规则

提要的附注:包括简要叙述资源主要内容的提要。可依据电子资源上、容器上以及所附文字材料上的有关说明著录。

相关字段

327　内容附注

示例

例1

330　##$a本盘内容囊括全省4000余家交通企业信息,涉及公路、水路、铁路、民航、勘察设计、施工监理、运输管理、智能交通、工程材料、工程设备等10多个门类。

例2

330　##$a本盘内容收集了1983-2004年期间中国科技人员发表的化学化工及相关专业的论文、专利等43万条数据。

5.14　333 使用对象附注

字段定义

本字段包含有关在编电子资源的使用和适用对象的附注。

字段使用情况

本字段选择使用,可重复。

指示符

指示符1:未定义,填空格。
指示符2:未定义,填空格。

子字段

$a 附注内容
　　记录有关在编电子资源的使用和适用对象的附注,可与"使用对象:"或其他类似的打印/显示用语一起使用。不可重复。

常见字段结构

333　##$a使用对象附注

字段填写说明

本字段应与100字段标注的读者对象类型代码相吻合。

相关著录规则

有关使用对象的附注:包括电子资源使用和适用对象的有关信息的附注,也可以包括使用限制说明。

相关字段

100　通用处理数据,读者对象代码(字符位置17—19)

示例

　例1
　　　333　##$a本程序适用于地学工作者
　例2
　　　333　##$a适用于7年制临床医学及研究生使用
　例3
　　　333　##$a中学生化学课外读物
　例4
　　　333　##$a适合初学者使用

5.15 336 电子资源类型附注

字段定义

本字段包含有关电子资源类型的信息特征的附注。除一般性描述(如:文本、计算机程序、数字)外,还包含一些更专指的信息,如文本资料的文献类型(如:书目、字典、索引)。

字段使用情况

本字段选择使用,可重复。

指示符

指示符1:未定义,填空格。
指示符2:未定义,填空格。

子字段

$a 附注内容

有关电子资源类型特征的说明。不可重复。

常见字段结构

336   ##$a电子资源类型附注

字段填写说明

(1)填写资源类型附注时,应注意与135字段$a中0字符位的代码相吻合,类型特征的详细说明填写在资源类型后的圆括号内。

(2)打印或显示常数"电子资源类型"可以由系统自动生成。

相关字段

135   编码数据字段:电子资源

示例

例1

336   ##$a数字(统计资料)

注:该文献包含数字型电子资源,其内容是统计资料。相关的135字段$a中0字符位的代码

例 2

  336 ##$a 文本（法律报告及摘要）

    注：该文献包含文本型电子资源，其内容是法律文献。相关的 135 字段$a中 0 字符位的代码是"d"。

例 3

  336 ##$a 书目数据（中文图书 1997-1999）

    注：该文献包含的内容是中文图书书目记录。相关的 135 字段$a中 0 字符位的代码是"e"。

5.16 337 系统需求附注（电子资源）

字段定义

本字段包含有关电子资源技术细节的附注，如某种代码体系存在与否或文件的物理特性（如：记录密度、奇偶性或块属性）。对于软件，可以记录软件编程语言、源程序语句数、对计算机要求（如厂家与型号、操作系统或内存要求）以及对外围设备的要求（如磁带机、磁盘磁鼓的数量、终端数或其他外围设备、支持软件或相关设备的要求等）。对远程检索文献而言，可以在本字段记录访问方式。本字段与 ISBD(ER) 的"系统要求和载体形态项附注"相对应。

字段使用情况

本字段选择使用，可重复。

指示符

指示符 1：未定义，填空格。
指示符 2：未定义，填空格。

子字段

$a 附注内容
  有关电子资源技术细节的附注。不可重复。

常见字段结构

337 ##$a 系统要求：
337 ##$a 访问方式：

字段填写说明

(1)对于本地访问的电子资源,应说明使用条件的系统要求,并在其前冠以"系统要求:"。

(2)对于远程访问的电子资源,如果856字段提供详细的用于检索的代码信息,本字段的检索方法附注就可以简要一些。附注前可以冠以"访问方式:"或其他相似用语。

(3)若电子资源具有不同的系统要求,应重复填写本字段,分别说明其不同的系统特点。

(4)若电子资源由两种或多种不同载体组成时,应重复填写本字段,概括说明每一物理载体的不同系统特点。

相关著录规则

(1)本地访问的电子资源必须在附注项中记录作为电子资源使用条件的系统要求。

(2)系统要求附注应作第一附注著录,包括一个或多个技术说明,以"系统要求:"为固定导语,通常按以下顺序给出,除第一个系统要求外,每个系统要求均要冠以分号";"。

  机器名称、型号和/或数量

  内存量

  操作系统名称

  软件要求(包括程序语言)

  外部设备

  硬件(内部)附件

  字符集

(3)电子资源由多个不同物理载体组成(如由一张光盘和一张视盘组成的交互式多媒体电子资源)时,可分别说明其系统要求,也可由编目机构概括说明每一物理载体的系统要求。

(4)访问方式的附注:所有远程访问电子资源均应将访问方式著录在附注项中。访问方式附注作为第二附注著录,列在系统要求附注之后,以"访问方式:"为固定导语。无系统要求附注时,访问方式附注可作为第一附注。

示例

  例1

    337 ##$a系统要求:运行环境CPU233M以上;内存64M以上;简体中文Windows98以上版本;16位彩色显卡;分辨率800×600;24×以上光驱

  例2

    337 ##$a访问方式:WWW 浏览器. http://dlut.cqvip.com/index.asp

例3

  337 ##$a系统要求(用于Windows版):内存64KB以上;Windows 3.1以上版本;2M以上硬盘空间

  337 ##$a系统要求(用于Dos版):内存42KB以上;MS-DOS 3.3以上版本;2M以上硬盘空间

5.17 345 采访信息附注

字段定义

本字段包含出版者、发行者或其他采访源的名称和地址,也可包括在编电子资源的订购号、物理载体形式、获得方式或该电子资源的另一不同物理载体的版本等附注。

字段使用情况

本字段选择使用,不可重复。

指示符

指示符1:未定义,填空格。
指示符2:未定义,填空格。

子字段

(1) $a 采访源/订购地址
  采访源的名称和/或地址,包括电子资源的订购地址。可重复。
(2) $b 订购号
  供应商为便于电子资源发行,而提供的文献编号。可重复。
(3) $c 载体形式
  可获得的电子资源载体形式。可重复。
(4) $d 获得方式
  以货币或其他单位表示的电子资源价格。可重复。

常见字段结构

345 ##$a采访源/订购地址$b订购号$c载体形式$d获得方式

字段填写说明

(1)若要记入本字段的地址与210字段的出版发行者的地址相同,或者订购号为国家标准书号或国家标准连续出版物号,则本字段不必填写。

(2)填写便于发行而提供的与电子资源有关的编号。

相关字段

210　　出版发行等
　　　　本字段含有出版者的名称,有时也含有出版者的地址。

示例

　　例1
　　　　345　　##$a河南先博多媒体技术有限公司特别预订
　　例2
　　　　345　　##$a《施工技术》编辑部$b11775$dCNY32.00

5.18　393 系统外字符附注

字段定义

本字段包含有关记录中出现的字符集所缺字符的附注。

字段使用情况

本字段选择使用,可重复。

指示符

指示符1:未定义,填空格。
指示符2:未定义,填空格。

子字段

　　$a　　附注内容
　　　　用符号和文字描述的方法,对字符集缺省汉字字符作相关附注,附注内容包括字形结构及读音。不可重复。

常见字段结构

393　##$a＝=［字形结构描述］(汉语拼音)

字段填写说明

(1)检索字段系统外字的处理方法:在记录中系统外字的相应位置用符号"＝"代替,在本字段对该字作描述性附注。

(2)其他字段系统外字的处理方法:在系统外字在记录中的所在位置直接用"[字形结构描述](汉语拼音)"的形式表示。

(3)一个书目记录有两个不同的表外字需要描述时,重复字段。

(4)一个字有上下结构,又有左右结构,先上下,后左右,位置确定的偏旁部首,不必标明位置。

(5)约定符号"－"为减去;"→"为更换部件。

(6)(繁),表示用该字或部件的繁体。

(7)实在难以描述的字,可注明某字典某页。

(8)表外字结构主要分为以下几种:左右字、上下字、混合字、复杂字、用文字描述的字。

示例

例1

393　##$a＝=［方方(上),土］(kun)

例2

393　##$a＝=［风(上),风风］(xiu)

例3

393　##$a＝[龟(繁)袖珍字海998页]

例4

393　##$a＝=［掏－扌］(tao)

例5

393　##$a＝=［山(上)、而,页(右)］(zhuan)

6　4--连接款目块

定义

记录中的每个款目连接字段所包含的数据字段,均嵌入被连记录的字段号、指示符和子字段标识符。本字段必须包括足够的数据,以标识被连的记录。

本块所表示记录之间的连接,主要有以下三方面关系:

（1）层次关系:整体与部分的隶属关系,部分与整体的从属关系。如主丛编、附属丛编、单册与单册分析之间的关系。

（2）平行关系:如同一部文献的不同语种、不同版本、不同载体间的关系。

（3）时间关系:一种文献与先前款目或后续款目之间的关系。

（4）相关关系:一种文献与另一种相关文献的关联。

在款目连接字段中,有两种连接技术:（A）嵌入字段技术,（B）标准子字段技术。本手册选用（A）。

使用情况

连接款目块中的字段选择使用。

指示符

指示符1:未定义,填空格。
指示符2:附注指示符。

用以标识提供记录的机构是否利用此字段的数据生成附注。显示记录时,特定的字段标识符可转换成固定的导语。该导语描述被连文献和在编文献的确切关系。导语的文字措词可根据接收记录机构的实际做法决定。

0:不作附注
1:作附注

子字段

$1 连接数据

每个$1子字段均包含具有字段标识符、字段指示符和子字段标识符的完整的数据字段。对每个嵌套字段,本子字段均可重复。

每个连接字段的构成如下:

指示符	子字段标识符	子字段数据	子字段标识符	子字段数据	F/T
#0 或 #1	$1	被嵌套的字段标识符、指示符和子字段	$1	被嵌套的字段标识符、指示符和子字段	……	字段分隔符

建议嵌套字段按其字段标识符的数值大小顺序记入。记录中的连接字段应优先选择被连记录中的下列数据：

  001 记录标识号

  500 统一题名

  200 题名与责任说明，$a正题名（如无500字段）

  7-- 主要知识责任（如有此项）

下列字段可选择使用：

  010 国际标准书号（ISBN）

  011 国际标准连续出版物号（ISSN）

  013 国际标准音乐号（ISMN）

  016 国际标准音像编码（ISRC）

  040 CODEN（连续出版物）

  101 文献语种

  102 出版或制作国别

  200 题名与责任说明，$a正题名（如果连接字段未包括该数据）

  200 题名与责任说明，$f第一责任说明

  200 题名与责任说明，$h分辑（册）、章节号

  200 题名与责任说明，$i分辑（册）、章节名

  200 题名与责任说明，$v卷标识

  205 版本说明

  210 出版发行等

  215 载体形态项

  225 丛编项

  510 并列正题名

  530 识别题名（连续出版物）

  856 电子资源地址与检索，$u统一资源标识

常见字段结构

4-- #0（或#1）$1被连接数据的字段号，指示符，子字段标识，子字段内容

字段填写说明

（1）被连接的丛编记录，应该是有数据的实体，而不应该长期是空记录。

(2)每个$1子字段均包含具有字段标识符、指示符、子字段标识符的完整的数据字段。

(3)$1子字段中的字段标识符、指示符、子字段标识符、题名等均与被连接记录中的相关标识一致。

(4)一种文献同时与多种文献相关时,须重复"4--连接块"。

常用字段

已定义并适合于电子资源的字段如下:

423　合订、合刊

452　另一载体的其他版本

455　复制自

461　总集

462　分集

463　单册

6.1　423 合订、合刊

字段定义

本字段用于实现在编电子资源记录与同其一起发行的另外文献(如与之合订、合刊的文献)记录的连接。

字段使用情况

本字段选择使用,可重复。

指示符

指示符1:未定义,填空格。

指示符2:附注指示符。

　　　　0:不作附注

　　　　1:作附注

子字段

$1　连接数据

　　每个$1子字段均包含具有字段标识符、字段指示符和子字段标识符的完整的数据字段。对每个嵌套字段,本子字段均可重复。

常见字段结构

423　#1$1合订记录的字段号,指示符,子字段标识,子字段内容

字段填写说明

(1)两部或几部文献合订出版,彼此间并非主次、包含或补充关系时使用本字段。

(2)当在编电子资源为合订文献时,用本字段连接数据库中的第一合订记录。

(3)本字段生成附注时,应前置导词"合订:"。

(4)第一合订记录的书目级别为m,层次级别代码为0;若属丛书,则为2。

(5)第一合订记录的2--至4--字段,均描述整部合订文献的特征。

(6)第一合订记录的215字段著录整部电子资源的数量。

(7)其余合订记录的书目级别为a,层次级别代码为0。

(8)第二合订记录(或其余合订记录)的200及以下字段只描述本部电子资源的特征。

(9)第二合订记录(或其余合订记录)的215字段著录本部电子资源的单独数量。

示例

　　　　001　　002300224
　　　　200　　1#$a中国古代寓言和笑话$b电子资源$a花卉素材库$f河南先博多媒体技术有限公司制作

　　　　200　　1#$a花卉素材库$b电子资源$f河南先博多媒体技术有限公司制作
　　　　423　　#1$1001002300224$12001#$a中国古代寓言和笑话

6.2　452 另一载体的其他版本

字段定义

本字段用于实现在编电子资源记录与不同载体版本记录的连接。

字段使用情况

本字段选择使用,可重复。

指示符

指示符1:未定义,填空格。

指示符2:附注指示符。
  0:不作附注
  1:作附注

子字段

$1 连接数据

  每个$1子字段均包含具有字段标识符、字段指示符和子字段标识符的完整的数据字段。对每个嵌套字段,本子字段均可重复。

常见字段结构

452 #0$1不同载体其他版本记录的字段号,指示符,子字段标识,子字段内容

字段填写说明

当在编电子资源有不同载体版本记录时,用本字段连接数据库中的不同载体版本记录。

相关字段

451 同一载体的其他版本

示例

  例1
    200 10$a新编财政学$b电子资源$f牛淑珍,杨顺勇主编
    300 ##$a本光盘另以图书形式出版
    452 #0$12001#$a新编财政学$b专著

  例2
    200 10$a施工方案范例50篇$b电子资源$f筑龙网编著
    300 ##$a本光盘另以图书形式出版
    452 #0$1001003844645$12001#$a施工方案范例50篇$b专著

6.3 455 复制自

字段定义

当在编电子资源为复制品时,本字段用于对其原作的描述,或用于实现与其原作记录的连接。

字段使用情况

本字段选择使用,不可重复。

指示符

指示符1:未定义,填空格。
指示符2:附注指示符。
   0:不作附注
   1:作附注

子字段

$1 连接数据
  每个$1子字段均包含具有字段标识符、字段指示符和子字段标识符的完整的数据字段。对每个嵌套字段,本子字段均可重复。

常见字段结构

455 #0$1原作的字段号,指示符,子字段标识,子字段内容

字段填写说明

当在编电子资源为复制品时,用本字段连接数据库中的原作记录。本字段生成附注时,应前置导词:"复制自:"。

相关字段

324 原作版本附注
452 另一载体的其他版本
456 复制为

示例

  455 #1$1001006942330$12001#$a民族自治地方行政文化研究
    注:产生附注:复制自:006942330(民族自治地方行政文化研究)

6.4 461 总集

字段定义

本字段用于实现对总集一级文献记录的连接。被连接的记录处于总集级,而含有本字段的记录处于单册或分集级。

字段使用情况

本字段选择使用,可重复。

指示符

指示符1:未定义,填空格。
指示符2:附注指示符。
　　　0:不作附注
　　　1:作附注

子字段

$1　连接数据
　　每个$1子字段均包含具有字段标识符、字段指示符和子字段标识符的完整的数据字段。对每个嵌套字段,本子字段均可重复。

常见字段结构

461　#0$1总集记录的字段号,指示符,子字段标识,子字段内容

字段填写说明

(1)总集是一组物理上分开的、由一共同题名标识的实体。包括丛编、多部分资源等。
(2)强调不同层次记录的连接时,用本字段连接它的总集记录。
(3)从单册或分集到总集的连接总是向上连接。

示例

　　例1
　　　　200　1#$a中文版Photoshop CS2基础实例全接触$b电子资源$f吴金泽开发
　　　　225　2#$a计算机动画教室系列

                461   #0$1001003074719$12001#$a计算机动画教室系列

例 2
       200   1#$a游戏开发与编程系列$b电子资源
       225   2#$a计算机知识普及和软件开发系列
       461   #0$1001003086863$12001#$a计算机知识普及和软件开发系列

例 3
       200   1#$aAfter Effects CS4从新手到高手$b电子资源$f彭开果开发
       225   2#$a计算机动画教室系列
       461   #0$1001003074719$12001#$a计算机动画教室系列

6.5 462 分集

字段定义

本字段用于实现对分集一级文献记录的连接,被连接的记录处于分集级,而含有本字段的记录处于单册、分集或总集级。

字段使用情况

本字段选择使用,可重复。

指示符

指示符1:未定义,填空格。
指示符2:附注指示符。
        0:不作附注
        1:作附注

子字段

$1 连接数据
    每个$1子字段均包含具有字段标识符、字段指示符和子字段标识符的完整的数据字段。对每个嵌套字段,本子字段均可重复。

常见字段结构

462   #0$1分集记录的字段号,指示符,子字段标识,子字段内容

字段填写说明

(1) 分集是一组物理上分开的、由一个共同题名标识的文献,相当于总集的一个组成部分。

(2) 强调不同层次记录的连接时,用本字段连接它的分集记录。

(3) 本字段一般用于单册或分集记录中,向上连接到更高的但不是最高的层级。

示例

例1

200　1#$a中文版Office 2003三合一实例与操作$b电子资源$f赵树林,姜旭,张龙开发

225　2#$a计算机动画教室系列$i热门电脑技术实例与操作丛书

462　#0$1001003076318$12001#$a热门电脑技术实例与操作丛书

例2

200　1#$a中文版CorelDRAW X3从入门到精通$b电子资源$f朱斌开发

225　2#$a计算机动画教室系列$i从入门到精通系列丛书

462　#0$1001003254216$12001#$a从入门到精通系列丛书

例3

200　1#$a中老年学电脑新手指南针$b电子资源$f朱俊,刘海松,陈杰英开发

225　2#$a计算机动画教室系列$i电脑启航必备丛书

462　#0$1001003769776$12001#$a电脑启航必备丛书

6.6　463 单册

字段定义

本字段用于实现对单册一级文献记录的连接。被连接的记录处于单册一级,而含有本字段的记录处于单册分析、分集或总集级。

字段使用情况

本字段选择使用,可重复。

指示符

指示符1:未定义,填空格。

指示符2:附注指示符。

  0:不作附注

  1:作附注

子字段

$1 连接数据

  每个$1子字段均包含具有字段标识符、字段指示符和子字段标识符的完整的数据字段。对每个嵌套字段,本子字段均可重复。

常见字段结构

463 #0$1单册记录的字段号,指示符,子字段标识,子字段内容

字段填写说明

(1)单册是一部物理上独立的单个文献。

(2)强调不同层次记录的连接时,用本字段连接它的单册记录。

(3)从单册分析到单册的连接总是向上连接。

示例

 单册记录

  010 ##$a7-900128-92-1$dCNY32.00

  200 1#$a国学经典诵读$b电子资源$f精英教育集团精英未来教育研究所制作

  210 ##$a石家庄$c方圆电子音像出版社$d2005

 单册分析记录

  200 1#$a三字经$b电子资源$f精英教育集团精英未来教育研究所制作

  463 #0$1001003246542$12001#$a国学经典诵读

  注:用463上连单册层记录。

 单册分析记录

  200 1#$a弟子规$b电子资源$f精英教育集团精英未来教育研究所制作

  463 #0$1001003246542$12001#$a国学经典诵读

  注:用463上连单册层记录。

7 5--相关题名块

定义

本相关题名块包含除正题名外,出现在出版物上的与在编电子资源相关的题名。

使用情况

相关题名块中的字段选择使用。

指示符

多数相关题名字段的指示符1用以标识题名的检索意义,说明编目机构是否用该题名建立独立的题名检索点(或附加款目)。如果需要生成独立的题名检索点,则指示符1赋值"1",如不需要,则指示符1赋值"0"。该指示符不涉及建立著者/题名检索点和利用该字段的数据生成附注的问题。

常用字段

已定义并适合于电子资源的字段如下:

500　统一题名

510　并列正题名

517　其他题名

540　编目员补充的附加题名

541　编目员补充的翻译题名

7.1 500 统一题名

字段定义

本字段包含由书目机构选取的特定题名,是对具有多个题名的同一作品选择的一个为人们所熟知的比较有代表性的题名。为使该题名具有唯一性,可以对其附加一些数据元素。

字段使用情况

本字段选择使用,可重复。

指示符

指示符1:题名检索意义指示符。

  指明是否由统一题名生成检索点(或附加款目)。

  0:统一题名无检索意义

   不由统一题名生成检索点。

  1:统一题名有检索意义

   由统一题名生成检索点。

指示符2:未定义,填空格。

  指明统一题名是否为主款目,如果是,将不以著者作为主款目。《中文文献编目规则》无主要款目概念,本指示符置"0"。

  0:题名不作主款目

  1:题名作主款目

子字段

(1) $a 统一题名

  文献的统一题名,不包括其他限定和说明。必备,不可重复。

(2) $b 一般资料标识

  一般资料类型标识的文字说明。可重复。

(3) $h 分辑(册)、章节号

  分辑(册)或章节号的编号。如果统一题名标识的是一部由多个分辑(册)或章节组成的文献,在对其中的某分辑(册)或章节进行著录时使用本子字段。对多层分辑(册)或章节编号,本子字段可重复。

(4) $i 分辑(册)、章节名

  分辑(册)或章节号的名称。如果统一题名标识的是一部由多个分辑(册)或章节组成的文献,在对其中的某分辑(册)或章节进行著录时使用本子字段。对多层分辑(册)或章节名称,本子字段可重复。

(5) $k 出版日期

  文献的出版日期。如需在统一题名中附加出版日期时选用。不可重复。出版日期仍应记入210字段。

(6) $l 形式副标目

  附加给标目的以进一步说明统一题名的标准短语。不可重复。

(7) $m 语种(用作标目的组成部分时)

文献的语种。如需将语种作为统一题名的组成部分时选用。不可重复。如果作品有多个语种,则应将多个语种记入同一个$m子字段。

(8) $n 其他信息

其他子字段均未提供的任何信息。可重复。

(9) $q 版本(或版本日期)

由文献描述的作品版本标识。可以是版本名称或日期。不可重复。

(10) $r 演奏媒体(音乐用)

音乐作品要求的演奏乐器等。可重复。

(11) $s 数字标识(音乐用)

由曲作者或他人分配给音乐作品的编号,用以区分作品。该标识可以是序号、作品编号、主题索引号以及作为编号用的日期。可重复。

(12) $u 调名(音乐用)

用作统一题名组成部分的调名。不可重复。

(13) $v 卷标识

用于说明与另一个文献相关的文献的特定部分。本子字段仅在500字段被嵌套在604字段中时使用。不可重复。

(14) $w 改编乐曲说明(音乐用)

说明音乐作品为改编的乐曲。不可重复。

(15) $j 形式复分

附加于主题标目,以进一步说明文献类型的词语。本子字段仅在500字段被嵌套在604字段中时使用。可重复。

(16) $x 论题复分

附加于主题标目,以进一步说明该主题标目所描述论题的方面的词语。本子字段仅在500字段被嵌套在604字段中时使用。可重复。

(17) $y 地理复分

附加于主题标目,以进一步说明与该主题标目所描述的题名有关的地名的词语。本子字段仅在500字段被嵌套在604字段中时使用。可重复。

(18) $z 年代复分

附加于主题标目,以进一步说明与该主题标目所描述的题名有关的年代的词语。本子字段仅在500字段被嵌套在604字段中时使用。可重复。

(19) $2 系统代码

所依据的主题标目系统的代码形式标识。本子字段仅在500字段被嵌套在604字段中时使用。不可重复。

(20) $3 规范记录号

标目的规范记录控制号。本子字段仅在500字段被嵌套在604字段中时使用。不可重复。

(21) $9 统一题名汉语拼音

使用方法同200字段$9正题名汉语拼音。不可重复。

常见字段结构

500 10$a统一题名$9统一题名汉语拼音

500 10$a统一题名$9统一题名汉语拼音$n其他信息

500 10$a统一题名$9统一题名汉语拼音$h分辑号

500 10$a统一题名$9统一题名汉语拼音$i分辑名

500 10$a统一题名$9统一题名汉语拼音$l形式副标目

500 10$a统一题名$9统一题名汉语拼音$h分辑号$i分辑名

字段填写说明

(1) 本字段的数据取自名称规范数据库中的230字段。

(2) 同一种文献只能有一个统一题名,当选定一部文献的统一题名后,该文献的其他版本的记录均要做统一题名字段。

相关字段

200 题名与责任说明

200字段的题名是非规范题名时,需要在500字段作统一题名。

示例

例1

200 1#$a石头记$b电子资源$f曹雪芹著

500 1#$a红楼梦

例2

200 1#$a三剑客$b电子资源$d Les trois mousquetaires$f(法)大仲马（A. Dumas）著$g周克希译$zfre

500　1#$a三个火枪手

7.2　510 并列正题名

字段定义

本字段包含的并列题名,即不同语言或文字的正题名,用于生成附注或检索点。

字段使用情况

本字段选择使用,可重复。

指示符

指示符1:题名检索意义指示符。

　　　指明是否由并列题名生成检索点(或附加款目)。

　　　0:并列题名无检索意义

　　　　不由并列题名生成检索点。

　　　1:并列题名有检索意义

　　　　由并列题名生成检索点。

指示符2:未定义,填空格。

子字段

(1) $a　并列题名

　　在编电子资源上出现的其他语种或文字的正题名,不包括该语种或文字的其他信息。不可重复。

(2) $e　其他题名信息

　　从属于$a并列题名的副题名或其他题名说明文字,如需将其作为检索点的组成部分或作为附注时记入本字段。可重复。

(3) $h　分辑(册)、章节号

　　并列题名的分辑(册)或章节的编号。可重复。

(4) $i　分辑(册)、章节名

　　并列题名的分辑(册)或章节的同语种名称。可重复。

(5) $j　与题名有关的卷号或日期

　　与并列题名有关的多卷集或连续出版物的组成部分的卷号与日期。不可重复。

(6) $n 其他信息

原为在附注中显示的文字,也可放在编目部门认为适合的、作为附注显示的其他字段。不可重复。

(7) $z 并列题名语种

并列题名语种的语种代码。不可重复。

(8) $9 并列题名汉语拼音

当并列题名为汉语文字时,使用本字段,使用方法同 200 字段$9 正题名汉语拼音。不可重复。

常见字段结构

510　1#$a并列题名$z并列题名语种

510　1#$a并列题名$e其他题名信息$z并列题名语种

510　1#$a并列题名$h分辑号$z并列题名语种

510　1#$a并列题名$i分辑名$z并列题名语种

510　1#$a并列题名$h分辑号$i分辑名$z并列题名语种

510　1#$a并列题名$e其他题名信息$h分辑号$i分辑名$z并列题名语种

字段填写说明

(1)题名选取并列题名时,应在意义上和200字段的中文题名一致,并列的分辑题名填入$i子字段,并列的其他题名信息填入$e子字段。

(2)文献中常见的英文、德文、法文、西班牙文等拉丁语系,并列题名一律使用单字节(含标点符号),行文时,题名首词首字母、专有名词首字母以及专用缩写均大写,德文所有名词首字母大写,标点符号使用半角。

(3)著录510字段时,去掉首冠词。

相关字段

200　题名与责任说明,$d并列正题名

304　题名与责任说明附注

没有记入200字段的与并列题名有关的文字说明性附注。

541　编目人员补充的翻译题名

记入在文献中没有出现的、由编目人员翻译或取自其他文献源的其他语种题名。

示例

  例1

    200 1#$a图说中国$b电子资源$d China in diagrams$f李向平主编$g王兢,韩敬东,施玉坡制作$zeng

    510 1#$aChina in diagrams$zeng

  例2

    200 1#$a留法勤工俭学运动实录$b电子资源$dLes étudiants-ouvriers chinois en France$f李向平主编$zfre

    510 1#$aLes étudiants-ouvriers chinois en France$zfre

7.3 517 其他题名

字段定义

本字段包含除510—516字段以外的其他不同题名。如电子资源的盘面标签题名、封套题名、容器的盒面题名、盒脊题名、部分题名、从属题名等,具有独立检索意义的均可记录在本字段。

字段使用情况

本字段选择使用,可重复。

指示符1:题名检索意义指示符。

  指明是否由其他题名生成检索点(或附加款目)。

  0:其他题名无检索意义

    不由其他题名生成检索点。

  1:其他题名有检索意义

    由其他题名生成检索点。

指示符2:未定义,填空格。

子字段

(1) $a 其他题名

  不包括其他题名信息或责任说明的其他题名。不可重复。

(2) $e 其他题名信息

  从属于$a其他题名的副题名或其他题名说明文字。可重复。

(3) $9 其他题名汉语拼音

使用方法同 200 字段 $9 正题名汉语拼音。不可重复。

常见字段结构

517　1#$a其他题名$9其他题名汉语拼音

517　1#$a其他题名$9其他题名汉语拼音$e其他题名信息

字段填写说明

(1)若有检索意义的题名屏、盘面标签、封套、容器上的题名以及出现在电子资源不同位置且明显不同于200字段中的正题名时,将其记录于517字段。

(2)副题名、解释性题名(200字段$e)如果具有独立检索意义时,需要通过517字段作检索点。

(3)出自著录信息源并标有原名、又名、亦名、一名等字样的交替题名可著录于517字段。

相关字段

312　相关题名附注

示例

例1

　　200　1#$a中华人民共和国法律法规检索系统

　　517　1#$a中国法律法规全库$9zhong guo fa lv fa gui quan ku

　　注:电子资源封套上的题名与题名屏不一致,517生成封套题名的检索点。

例2

　　200　1#$a词汇奥秘$b电子资源$e英语单词词根速记

　　517　1#$a英语单词词根速记$9ying yu dan ci ci gen su ji

例3

　　200　0#$a洲际风暴,原名,公路争霸战$b电子资源

　　517　1#$a洲际风暴$9zhou ji feng bao

　　517　1#$a公路争霸战$9gong lu zheng ba zhan

7.4　540　编目员补充的附加题名

字段定义

本字段包含电子资源上未出现的、非统一题名的关键词题名和通俗题名。也可为由正题

名衍生来的题名提供检索点。

字段使用情况

本字段选择使用,可重复。
指示符1:题名检索意义指示符。
    指明是否由附加题名生成检索点(或附加款目)。
    0:附加题名无检索意义
     不由附加题名生成检索点。
    1:附加题名有检索意义
     由附加题名生成检索点。
指示符2:未定义,填空格。

子字段

(1) $a 附加题名

  编目员补充的附加题名正文。不可重复。

(2) $9 附加题名汉语拼音

  使用方法同200字段$9正题名汉语拼音。不可重复。

常见字段结构

540 1#$a附加题名$9附加题名汉语拼音

字段填写说明

(1)编目员为正题名补充的题名、拟订的关键词题名及通俗题名或题名简称,可著录于540字段。
(2)200字段$i不能完全表达电子资源的内容,可用540字段记录各自的内容。
(3)题名不能直观、准确 完整地反映电子资源内容时,编目员根据其内容拟定的题名。
(4)题名原题有误,编目员可以反映正确的题名,记入540字段。

相关字段

500 统一题名
541 编目员补充的翻译题名

示例

例1

    200   1#$a不列颠百科全书$b电子资源

    540   1#$a大英百科全书$9da ying bai ke quan shu

例2

    200   1#$a颐和园·北海$b电子资源

    540   1#$a颐和园$9yi he yuan

    540   1#$a北海$9bei hai

例3

    200   1#$a建筑装饰图案$i明 清$b电子资源

    540   1#$a明代建筑装饰图案$9ming dai jian zhu zhuang shi tu an

    540   1#$a清代建筑装饰图案$9qing dai jian zhu zhuang shi tu an

例4

    200   1#$a郭德钢相声精品集$b电子资源

    304   ##$a本光盘题名有误。

    540   1#$a郭德纲相声精品集$9guo de gang xiang sheng jing pin ji

7.5 541 编目员补充的翻译题名

字段定义

本字段包含由编目员补充的在编电子资源题名的译名。

字段使用情况

本字段选择使用,可重复。

指示符

指示符1:题名检索意义指示符。

    指明是否由翻译题名生成检索点(或附加款目)。

    0:翻译题名无检索意义

      不由翻译题名生成检索点。

    1:翻译题名有检索意义

      由翻译题名生成检索点。

指示符2:未定义,填空格。

子字段

(1) $a 翻译题名

不含任何其他题名信息的正题名的译名。不可重复。

(2) $e 其他题名信息

从属于翻译题名的副题名或其他题名说明文字。不可重复。

(3) $h 分辑(册)、章节号

翻译题名的分辑(册)或章节的编号。不可重复。

(4) $i 分辑(册)、章节名

翻译题名的分辑(册)或章节的名称。不可重复。

(5) $z 翻译题名语种

翻译题名的语种代码。不可重复。

(6) $9 翻译题名汉语拼音

使用方法同200字段$9正题名汉语拼音。不可重复。

常见字段结构

541　1#$a翻译题名$z翻译题名语种

541　1#$a翻译题名$e其他题名信息$z翻译题名语种

541　1#$a翻译题名$h分辑号$z翻译题名语种

541　1#$a翻译题名$i分辑名$z翻译题名语种

541　1#$a翻译题名$h分辑号$i分辑名$z翻译题名语种

541　1#$a翻译题名$e其他题名信息$h分辑号$i分辑名$z翻译题名语种

字段填写说明

(1)本字段只用于由编目员翻译的题名,或取自在编电子资源之外的译名。

(2)翻译题名所依据的题名应在200字段中出现。

(3)由541字段生成附注,前导语为:"翻译题名:"。

相关字段

200　题名与责任说明

翻译题名所依据题名应在200字段中出现。真正出现在文献上的翻译题名,应记入

200$d并列题名中,或如不是出现在主信息源,则记入附注字段。

500 统一题名

编目条例视为统一题名的任何翻译题名,应记入500字段。

510 并列正题名

文献上出现的其他语种的正题名,如需作检索点,则记入510字段。

示例

例1

    200   1#$aChina Business$b电子资源

    300   ##$a本光盘无汉译正题名

    541   1#$a中国商务$9zhong guo shang wu

例2

    200   1#$aCultural China Series$b电子资源

    300   ##$a本光盘无汉译正题名

    541   1#$a中国文化系列$9zhong guo wen hua xi lie

8 6--主题分析块

定义

本主题分析块包含按照词语或符号的不同体系构成的主题数据。

字段使用情况

主题分析块中的字段选择使用。

常用字段

已定义并适合于电子资源的字段如下:

600 个人名称主题

601 团体名称主题

605 题名主题

606 论题名称主题

607 地理名称主题

610 非控主题词

690 中国图书馆分类法

8.1 600 个人名称主题

字段定义

本字段包含的个人名称是在编电子资源的一个主题,该名称以检索点形式出现,并提供可选择的主题附加信息。

字段使用情况

本字段选择使用,可重复。

指示符

指示符1:未定义,填空格。
指示符2:名称形式指示符。

  指明名称是按直序方式(即按名或直序方式的姓名)著录,还是按倒序方式(即按姓、族姓或源于父名的姓)著录。

  0:直序方式

   个人名称以名或姓名直序方式著录,如帝王、教皇的名称、中国人和日本人名等。

  1:倒序方式

   个人名称按姓氏或相当于姓的成分著录,如将西方人名中的姓作为款目要素。

子字段

(1) $a 款目要素

  标目中用作款目要素的名称的一部分,在有序表中按该部分名称排序。如果选用600字段,本子字段必须出现。不可重复。

(2) $b 名称的其余部分(款目要素除外)

  以姓或族姓为款目要素时,用本子字段记入其名称的其余部分。它包含名字或教名等。如果本子字段出现,指示符2置"1"。首字母缩写的外国人名字的展开形式应记入$g子字段。不可重复。

(3) $c 名称附加(年代除外)

  不构成名称本身不可分割部分的任何附加成分(年代除外),包括头衔、称号、职业、籍贯、民族、性别、国别、朝代以及其他为标识名称所需要的成分。可重复。

(4) $d 罗马数字

与罗马主教、皇族和牧师等名称连在一起的罗马数字。如果称号（或更多的名字）与罗马数字有关,也应包含在内。使用本子字段时,指示符 2 置"0"。不可重复。

(5) $f 年代

附属于个人名称的年代,包括缩写或具有年代性质的其他说明。任何年代类型的说明（如创作高峰期、生年、卒年等）均应以完整的或缩略的形式记入本字段。涉及个人名称的所有年代,均应记入本字段。不可重复。

(6) $g 名字首字母的展开形式

当外国人的名字以首字母缩写形式记入$b子字段,并且其首字母缩写形式及完整形式均需出现时,名字的完整形式应记入本子字段。不可重复。

(7) $p 任职机构/地址

作品创作时该名称主题所涉及个人的任职机构。不可重复。

(8) $j 形式复分

附加于主题标目,以进一步说明文献类型的词语。可重复。

(9) $x 论题复分

附加于主题标目,以进一步说明该主题标目所描述论题的方面的词语。可重复。

(10) $y 地理复分

附加于主题标目,以进一步说明与该主题标目所描述的个人有关的地名的词语。可重复。

(11) $z 年代复分

附加于主题标目,以进一步说明与该主题标目所描述的个人有关的年代的词语。可重复。

(12) $2 系统代码

产生主题标目的系统的代码形式标识。建议子字段$2在每个 600 字段中出现。不可重复。

(13) $3 规范记录号

标目的规范记录控制号。本子字段可与规范格式数据一起使用。不可重复。

常见字段结构

600　#0$a个人名称$x论题复分

600 #0$a个人名称$f(生卒年)$x论题复分$x论题复分

600 #0$a个人名称$f(生卒年)$x论题复分$j形式复分

600 #0$a外国人姓氏$c(名称其余部分)$x论题复分$j形式复分

600 #0$a外国人姓氏$c(名称其余部分$f生卒年)$x论题复分$x论题复分

字段填写说明

(1)本字段记录的个人名称取自主题规范表,因此$a、$b、$c、$d、$f的内容必须和主题规范记录的200字段完全相同。

(2)本字段中的主题附加$j、$x的内容必须和相应主题规范记录相同。$y的内容必须和主题规范记录的215字段完全相同。

(3)本字段记录的个人名称主题标目与对电子资源内容负有责任的个人名称标目的各子字段形式相同。

相关字段

601 团体名称主题

　　主题是团体而不是个人时,用601字段。

602 家族名称主题

　　主题是家族而不是个人时,用602字段。

604 名称和题名主题

　　主题是著者/题名时,用604字段。

示例

例1

200 1#$a邓小平$b电子资源$f中共中央文献研究室编撰$g杭州唐人视听发展有限公司制作

600 #0$a邓小平$f(1904-1997)$x生平事迹

例2

200 1#$a周恩来$b电子资源$e1898-1949$f中共中央文献研究室编撰$g江苏省出版总社电子音像出版部制作

600 #0$a周恩来$f(1898-1976)$x生平事迹

例3

200 1#$a国之瑰宝$b电子资源$f爱泼斯坦主编

600 #0$a宋庆龄$f(1893-1981)$x生平事迹

例4

  200 1#$a朱可夫$b电子资源$f[俄]亚历山大·热列兹尼科夫原著$g邱剑 敏编译$g京华出版社第五编辑室制作

  600 #0$a朱可夫$c(Zhukov, Georgi Konstantinovich$f1896-1974)$x生平事迹

8.2 601 团体名称主题

字段定义

本字段包含的团体名称是在编电子资源的一个主题,该名称以检索点形式出现,并提供可选择的主题附加信息。

字段使用情况

本字段选择使用,可重复。

指示符

指示符1:会议指示符。

  指明该团体名称是否为会议名称。如果会议名称是某团体名称的次级部分,则该名称被视为团体名称。

  0:团体名称

  1:会议名称

  如果源格式不区分会议名称和团体名称,则指示符1应标识填充符(|)。

指示符2:名称形式指示符。

  指明团体名称的著录形式。

  0:以倒序方式著录

   如果团体名称或会议名称是以首字母缩写形式或人名起头的,可用倒置方式著录。

  1:以地区或辖区著录

   与政府或其他辖区机构有关的团体名称,按所属辖区地名著录。与地名有关的大学、学术团体、美术馆等其他类型机构,也按所冠地名著录。

  2:以直序方式著录

   用于所有其他类型的团体名称。

子字段

(1) $a 款目要素

标目中用作款目要素的名称的一部分,在有序表中按该部分名称排序。如果选用 601 字段,本子字段必须出现。不可重复。

(2) $b 次级部分(或按地名著录的名称)

名称中含有层级时的较低层次部分,或按地名著录的团体名称。本子字段不包括编目员为区分其他名称相同的机构而对名称所作的附加(见$c、$g、$h)。可重复。

(3) $c 名称附加或限定

由编目员给团体名称所作的除会议届次、地点和日期之外的任何附加。可重复。

(4) $d 会议届次

当会议属于分届次的系列会议时的届次信息。不可重复。

(5) $e 会议地点

当会议举办地需要作为标目组成部分时的地名。不可重复。

(6) $f 会议日期

需作为标目组成部分的会议召开日期。不可重复。

(7) $g 倒置部分

为了方便检索,对以人名起头的团体名称采用倒置方法,将名称开始处的通常不用于检索的部分记入本子字段。不可重复。

(8) $h 款目要素和倒置部分之外的名称部分

在含有倒置成分的团体名称标目中,紧跟在倒置部分(即人名部分)之后的团体名称的其他部分。不可重复。

(9) $j 形式复分

附加于主题标目,以进一步说明文献类型的词语。可重复。

(10) $x 论题复分

附加于主题标目,以进一步说明该主题标目所描述论题的方面的词语。可重复。

(11) $y 地理复分

附加于主题标目,以进一步说明与该主题标目所描述的团体有关的地名的词语。可重复。

(12) $z 年代复分

附加于主题标目,以进一步说明与该主题标目所描述的团体有关的年代的词语。可重复。

(13) $2 系统代码

产生主题标目的系统的代码形式标识。建议子字段$2在每个601字段中出现。不可重复。

(14) $3 规范记录号

标目的规范记录控制号。本子字段可与规范格式数据一起使用。不可重复。

常见字段结构

601　02$a团体名称$x论题复分

601　02$a团体名称$x论题复分$x论题复分

601　02$a团体名称$j形式复分

601　02$a团体名称$x论题复分$z年代复分$j形式复分

601　12$a会议名称$x论题复分$z年代复分$j形式复分

字段填写说明

(1)本字段记录的团体和会议名称取自主题规范词表,因此$a、$b、$c、$d、$e、$f、$g、$h的内容必须和主题规范记录的210字段完全相同。

(2)$x、$y、$z子字段均为主题标目的附加术语,进一步说明主题标目所涉及的论题、地点和时间。

(3)本字段记录的团体和会议名称主题标目与对电子资源内容负有责任的团体名称标目或会议名称标目的各子字段形式相同。

相关字段

600　个人名称主题

主题是个人而不是团体时,用600字段。

602　家族名称主题

主题是家族而不是团体时,用602字段。

604　名称和题名主题

主题是著者/题名时,用604字段。

607 地理名称主题

如果以地理名称表示的行政管辖区单独出现,或只由主题复分,则用 607 字段。

示例

例 1

  200 1#$a清华园风物志$b电子资源

  601 02$a清华大学$x教育建筑$x简介

例 2

  200 1#$a中国共产党简史$b电子资源

  601 02$a中国共产党$x党史

例 3

  200 1#$a贵阳市学习贯彻党的十六届四中全会精神论文集$b电子资源

  601 12$a中国共产党十六届四中全会$f(2004)$x文件$j学习参考资料

8.3 605 题名主题

字段定义

本字段包含的题名是在编电子资源的一个主题。该题名可以是任何载体形式的作品题名,例如舞台剧本、广播节目等。

字段使用情况

本字段选择使用,可重复。

指示符

指示符 1:未定义,填空格。
指示符 2:未定义,填空格。

子字段

(1)$a 款目要素

简短题名或正题名。不可重复。

(2)$h 分辑(册)、章节号

当在编电子资源的主题仅涉及$a子字段中所示作品的分辑(册)或章节时,用$h记录该分辑(册)或章节编号。对多层分辑(册)或章节编号,本子字段可重复。

(3) $i 分辑(册)、章节名

当在编电子资源的主题仅涉及$a子字段中所示作品的分辑(册)或章节时,用$i记录该分辑(册)或章节名称。对多层分辑(册)或章节名称,本子字段可重复。

(4) $k 作品日期

作为主题记录在$a子字段的文献题名,当其统一题名需增加出版日期以示区分时,将其出版日期记录在此。不可重复。

(5) $l 形式副标目

附加给标目的以进一步说明统一题名的标准短语。不可重复。

(6) $m 语种(用作标目的组成部分时)

文献的语种。如果由于它不同于通常在标目中给出的文献的语种或该文献没有主要语种,需将该语种作为标目的组成部分时选用。如果作品有多个语种,应将多个语种记入同一个$m子字段。不可重复。

(7) $n 其他信息

其他子字段均未提供的任何信息,包括给题名增加一般文献类型标识。可重复。

(8) $q 版本(或版本日期)

由文献描述的作品版本标识,可以是版本的名称和日期。不可重复。

(9) $r 演奏媒体(音乐用)

音乐作品要求的演奏乐器等。可重复。

(10) $s 数字标识(音乐用)

由曲作者或他人分配给音乐作品的编号,用以区分作品。该标识可以是序号、作品编号、主题索引号以及作为编号用的日期。可重复。

(11) $u 调名(音乐用)

用作统一题名组成部分的音乐调名。不可重复。

(12) $w 改编乐曲说明(音乐用)

说明音乐作品为改编的乐曲。不可重复。

(13) $j 形式复分

附加于主题标目,以进一步说明文献类型的词语。可重复。

(14) $x 论题复分

附加于主题标目,以进一步说明该主题标目所描述论题的方面的词语。可重复。

(15) $y 地理复分

附加于主题标目,以进一步说明与该主题标目所描述的题名有关的地名的词语。可重复。

(16) $z 年代复分

附加于主题标目,以进一步说明与该主题标目所描述的题名有关的年代的词语。可重复。

(17) $2 系统代码

产生主题标目的系统的代码形式标识。建议子字段$2在每个605字段中出现。不可重复。

(18) $3 规范记录号

标目的规范记录控制号。本子字段可与规范格式数据一起使用。不可重复。

常见字段结构

605　##$a题名主题$x论题复分

605　##$a题名主题$x论题复分$x论题复分

605　##$a题名主题$x论题复分$y地理复分$z年代复分$j形式复分

字段填写说明

(1)本字段记录的题名取自主题规范表,因此$a、$h、$i、$k、$l、$n、$q的内容必须和主题规范记录的230字段完全相同。

(2)款目要素($a),指所编电子资源中研究或论述的任何载体形式的作品题名,通常为作品的统一题名或佚名作品。

(3)本字段记录的题名主题与统一题名的各子字段形式相同。

相关字段

604　名称和题名主题

主题是著者/题名时,用604字段。

示例

例1

200　1#$a周易与现代生活$b电子资源

605　##$a《周易》$x通俗读物

例2

200　1#$a三国志事典$b电子资源

605　##$a《三国志》$x研究

例3

  200 1#$a四库全书研究文集$b电子资源

  605 ##$a《四库全书》$x研究$j文集

例4

  200 1#$a菜根谭$b电子资源

  605 ##$a《菜根谭》$j通俗读物

8.4 606 论题名称主题

字段定义

本字段包含用作主题标目的普通名词或名词短语。

字段使用情况

本字段选择使用,可重复。

指示符

指示符1:主题词层级指示符。

  指明主要词和次要词。

  0:未指定层级

   当不需要区别主要词和次要词时,取值"0"。

  1:主要词

   所选词语涵盖了文献中心内容或主题,被视为主要词时,取值"1"。

  2:次要词

   所选词语涵盖了文献较为次要方面的内容,被视为次要词时,取值"2"。

  #:无适用信息

指示符2:未定义,填空格。

子字段

(1) $a 款目要素

  符合所用主题标目系统规定形式的词语。不可重复。

(2) $j 形式复分

  附加于主题标目,以进一步说明文献类型的词语。可重复。

(3) $x 论题复分

附加于主题标目,以进一步说明该主题标目所描述论题的方面的词语。可重复。

(4) $y 地理复分

附加于主题标目,以进一步说明与该主题标目所描述的论题有关的地名的词语。可重复。

(5) $z 年代复分

附加于主题标目,以进一步说明与该主题标目所描述的论题有关的年代的词语。可重复。

(6) $2 系统代码

产生主题标目的系统的代码形式标识。《中国分类主题词表》代码为CT。不可重复。

(7) $3 规范记录号

标目的规范记录控制号。本子字段可与规范格式数据一起使用。不可重复。

常见字段结构

606　##$a论题主题

606　##$a论题主题$x论题复分

606　##$a论题主题$x论题复分$x论题复分

606　##$a论题主题$y地理复分

606　##$a论题主题$z年代复分

606　##$a论题主题$j形式复分

606　##$a论题主题$x论题复分$y地理复分

606　##$a论题主题$x论题复分$z年代复分

606　##$a论题主题$x论题复分$j形式复分

606　##$a论题主题$x论题复分$y地理复分$z年代复分$j形式复分

字段填写说明

(1)本字段记录的主题词取自主题规范表,因此$a、$j、$x的内容必须和相应主题规范记录相同。$y的内容需和主题规范记录的215字段完全相同。

(2)对于复杂的普通主题概念,不使用组配符号标引,用多个子字段$x来表示多个普通主题词对主标目的限定关系。

(3)对多主题电子资源标引,应将其分解为几个单主题(单元主题或复合主题),一个单主题记录在一个字段中,多个主题可记录多个字段。

(4) $x、$y、$z、$j 子字段为主题标目的附加术语,根据所编电子资源的实际情况,决定是否选用。

相关字段

607　地理名称主题

　　主题标目是地理名称时,用 607 字段。

示例

　　例 1

　　　　200　　1#$a石油产业经济学$b电子资源$f杨嵘编著

　　　　606　　##$a石油产业$x产业经济学

　　例 2

　　　　200　　1#$a金融改革探索$b电子资源$f虞群娥主编

　　　　606　　##$a金融体制$x经济体制改革$y中国$j文集

　　例 3

　　　　200　　1#$a明代佛教方志研究$b电子资源$f曹刚华著

　　　　606　　##$a佛教史$x研究$y中国$z明代

　　例 4

　　　　200　　1#$a中文版 Flash 8 实例与操作$b电子资源$f孙志义主编

　　　　606　　##$a网页$x动画$x图形软件

8.5　607 地理名称主题

字段定义

本字段包含用作主题标目的地名。

字段使用情况

本字段选择使用,可重复。

指示符

指示符 1:未定义,填空格。
指示符 2:未定义,填空格。

子字段

(1) $a 款目要素

符合所用规范标目系统规定形式的地名。不可重复。

(2) $j 形式复分

附加于主题标目,以进一步说明文献类型的词语。可重复。

(3) $x 论题复分

附加于主题标目,以进一步说明该主题标目所描述论题的方面的词语。可重复。

(4) $y 地理复分

附加于主题标目,以进一步说明与该主题标目所描述的地区有关的地名的词语。可重复。

(5) $z 年代复分

附加于主题标目,以进一步说明与该主题标目所描述的地区有关的年代的词语。可重复。

(6) $2 系统代码

产生主题标目的系统的代码形式标识。建议子字段$2在每个607字段中出现。不可重复。

(7) $3 规范记录号

标目的规范记录控制号。本子字段可与规范格式数据一起使用。不可重复。

常见字段结构

607　##$a地理名称$x论题复分

607　##$a地理名称$x论题复分$x论题复分

607　##$a地理名称$x论题复分$z年代复分

607　##$a地理名称$x论题复分$z年代复分$j形式复分

字段填写说明

(1)本字段记录的主题词取自主题规范表,因此$a、$y的内容需和主题规范记录的215字段完全相同,$j、$x的内容必须和相应主题规范记录相同。

(2)$x、$y、$z等子字段为主题标目的附加术语,根据所编电子资源的实际情况,决定是否选用。

(3)$a款目要素(地区名称)依据《中国分类主题词表》或《GB 2260—2007 中华人民共和

国行政区划代码》填写。

相关字段

601 团体名称主题
　　用作主题的由从属团体名称复分的行政管辖区记入 601 字段。
660 地区代码
　　表示文献涵盖的地区,可用代码形式记入在 660 字段。

示例

例 1
　　200　　1#$a云南年鉴$h2005$b电子资源$f云南年鉴社编辑$g风格多媒体技术有限公司制作
　　607　　##$a云南$z2005$j年鉴

例 2
　　200　　1#$a中国宜春$b电子资源$f卢明生主编
　　607　　##$a宜春$x概况

8.6　610 非控主题词

字段定义

本字段包含的主题词不是取自可控主题词表。是根据文献主题内容选择的关键词,也称自由词。

字段使用情况

本字段选择使用,可重复。

指示符

指示符 1:主题词层级指示符。
　　指明主要词和次要词。
　　0:未指定层级
　　　当不需要区分主要词和次要词时,取值"0"。
　　1:主要词
　　　所选词语涵盖了文献中心内容或主题,被视为主要词时,取值"1"。

2：次要词

　　所选词语涵盖了文献较为次要方面内容，被视为次要词时，取值"2"。

指示符2：未定义，填空格。

子字段

$a　主题词

　　记录主题词表中没有的未经规范的非控主题词。分配给在编电子资源的主题词多于一个时，本子字段可重复。

常见字段结构

610　0#$a非控主题词

610　0#$a非控主题词$a非控主题词

610　0#$a非控主题词$a非控主题词$a非控主题词

610　0#$a个人名称(名称其余部分　生卒年)

字段填写说明

(1)本字段记录的主题词不是取自可控的主题词表，而是从题名、章节或文献内容中提取对揭示文献起关键作用的名词术语，不加规范，直接标引。

(2)非控主题词尽可能选择名词或名词性词组。

相关字段

600—607　主题标目字段

示例

　　例1

　　　　200　1#$aDreamweaver入门与进阶实例$b电子资源

　　　　606　0#$a网页$x制作$x软件工具

　　　　610　0#$aDreamweaver

　　例2

　　　　200　1#$a道奇DODGE捷龙维修手册$b电子资源

　　　　606　0#$a轿车$x维修$j手册

　　　　610　0#$a道奇捷龙轿车

例3

  200 1#$aDelphi 7新概念百例$b电子资源$f沈坚,张增强编著
  606 ##$a软件工具$x程序设计
  610 0#$aDelphi

例4

  200 1#$a幻彩魔方$b电子资源$ePhotoshop、CorelDRAW、Painter综合应用$f许向东等制作
  606 ##$a图形软件
  610 0#$aPhotoshop$a CorelDRAW$a Painter

8.7 690 中国图书馆分类法

字段定义

本字段包含根据《中国图书馆分类法》分配给在编电子资源的分类号,并附以所用分类法的版次。

字段使用情况

本字段选择使用,可重复。

指示符

指示符1:未定义,填空格。
指示符2:未定义,填空格。

子字段

(1) $a 分类号

  取自《中国图书馆分类法》类表中的号码。不可重复。

(2) $v 版次

  子字段$a中的分类号所在分类法的版次号。不可重复。

(3) $3 分类记录号

  用作标目的分类记录的控制号。本子字段可与分类格式数据一起使用。不可重复。

常见字段结构

690　　##$a分类号$v版次

字段填写说明

(1)应严格按照该分类法所规定的分类规则进行分类。

(2)整个字段用单字节表示,分类号中的字母大写,分类法版次用阿拉伯数字表示。

(3)分类号一般不宜超过三个。

示例

例1

　　200　　1#$aFlash动画制作一点通$b电子资源

　　690　　##$aTP391.414$v5

例2

　　200　　1#$a木马防护全攻略$b电子资源

　　690　　##$aTP393.08$v5

例3

　　200　　1#$a英语口语教程$b电子资源

　　690　　##$aH319.9$v5

例4

　　200　　1#$a婚姻家庭继承法$b电子资源

　　690　　##$aD923.901$v5

　　690　　##$aD923.51$v5

9　7--知识责任块

定义

本知识责任块包含对在编电子资源的创作负有某种知识责任形式的个人或团体的名称。需要建立检索点的知识责任泛指所有与文献有关的个人、团体或家族以及出版者。

说明

(1)我国中文文献编目工作中,不采用主要款目概念,不选用700、710字段,所有负有主要知识责任的个人和团体名称需要作检索点时,均著录在701、711字段。

(2)在著录中不论在200字段填写与否,如需作检索点,均应在7--字段填写。填写在本块的责任者名称(730除外)。如果编目系统中书目数据的标目内容受控于规范数据,则该名称应取自名称规范记录,字段中的各字母标识的子字段内容及其排列顺序必须和名称规范记录的2--字段完全相同。

常用字段

已定义并适合于电子资源的字段如下:

701　个人名称——等同知识责任

702　个人名称——次要知识责任

711　团体名称——等同知识责任

712　团体名称——次要知识责任

9.1　701 个人名称——等同知识责任

字段定义

本字段包含以检索点形式出现的对电子资源负有等同知识责任的个人名称。

字段使用情况

本字段可重复。

指示符

指示符1:未定义,填空格。

指示符2:名称形式指示符。

　　指明名称是按直序方式(即按名或直序方式的姓名)著录,还是按倒序方式(即姓、族姓或源于父名的姓)著录。

　　0:直序方式

　　　个人名称以名或姓名直序方式著录,如帝王、教皇的名称,中国和日本人名等。

　　1:倒序方式

　　　个人名称按姓氏或相当于姓的成为著录,如将西方人名中的姓作为款目要素。

子字段

(1) $a 款目要素

标目中用作款目要素的名称的一部分,如果选用701字段,本子字段必须出现。不可重复。

(2) $b 名称的其余部分(款目要素除外)

以姓或族姓为款目要素时,用本子字段记入其余名称的其余部分。它包含名字或教名等。如果本子字段出现,指示符2置"1"。首字母缩写的外国人名字的展开形式应记入$g子字段。不可重复。

(3) $c 名称附加(年代除外)

不构成名称本身不可分割部分的任何附加成分(年代除外),包括头衔、称号、职位、职业、籍贯、民族、性别、国别、朝代以及其他为识别名称所需要的成分。可重复。

(4) $d 罗马数字

与罗马主教、皇族和牧师等名称连在一起的罗马数字。如果称号(或更多的名字)与罗马数字有关,也应包括在内。使用本子字段,指示符2置"0"。不可重复。

(5) $f 年代

附属于个人名称的年代,包括缩写或具有年代性质的其他说明。任何年代类型的说明(如创作高峰期、生年、卒年等)均应以完整的或缩略的形式记入本子字段。涉及个人名称的所有年代,均应记入本子字段。不可重复。

(6) $g 名字首字母的展开形式

当外国人的名字以首字母缩写形式记入$b子字段,并且其首字母缩写形式及完整形式均需出现时,名字的完整形式应记入本子字段。不可重复。

(7) $p 任职机构/地址

作品创作时作者的任职机构。不可重复。

(8) $3 规范记录号

标目的规范记录控制号。本子字段可与规范格式数据一起使用。不可重复。

(9) $4 关系词代码(责任方式)

字段中给出的个人名称与记录所指文献之间关系的代码。对于中文文献,在701、702字段中可直接使用《中国文献编目规则》中责任方式的术语著录。可重复。

(10) $9　款目要素汉语拼音

　　使用方法同 200 字段 $9 正题名汉语拼音。不可重复。

常见字段结构

701　　#0$a个人名称$4责任方式

701　　#0$a个人名称$f(生卒年)$4责任方式

701　　#0$a个人名称$c(学科专长,$f生卒年)$4责任方式

701　　#0$c(名称附加)$a外国人姓氏$c(外国人姓氏其余部分)$4责任方式

701　　#0$c(名称附加)$a外国人姓氏$c(外国人姓氏其余部分$f生卒年)$4责任方式

字段填写说明

(1) 本字段记录的个人名称如果取自名称规范记录,必须是规范的检索点形式,因此$a、$b、$c、$d、$f、$g的内容必须和名称规范记录的 200 字段完全相同。

(2) 中国、日本、朝鲜、韩国、越南、新加坡、匈牙利、柬埔寨等国家的姓名形式一般为姓居前,名居后,按姓名或汉译原题顺序著录于$a子字段,指示符 2 置"0"。

(3) 西方语言及东方语言中的印欧语系国家(印度、巴基斯坦、孟加拉、伊朗、阿富汗等)、南岛语系国家(印度尼西亚、马来西亚、菲律宾等),将汉译姓氏著录在$a子字段,名称的其余部分著录在$c子字段,按照中文名称规范的标准著录。指示符 2 使用"0"。

(4) 责任方式填入$4子字段。同一责任者同时负有两种责任方式时,不重复著录 701 字段,重复$4(责任方式)。

(5) $9子字段一般不单独著录,系统可自动生成$9子字段。

相关字段

200　　题名与责任说明,$f第一责任说明

314　　知识责任附注

700　　个人名称——主要知识责任

702　　个人名称——次要知识责任

示例

　　例 1

　　　　701　　#0$a包松$4著

　　例 2

　　　　701　　#0$a毛信德$4主编

　　　　701　　#0$a蒋承勇$4主编

例3

　　　　701　　#0$c(维)$a古丽阿扎提·吐尔逊$c(女，$f1976～)$4著

例4

　　　　701　　#0$c(日)$a小林康夫$f(1950～)$4编

9.2　702 个人名称—次要知识责任

字段定义

本字段包含以检索点形式出现的对电子资源负有次要知识责任的个人名称。

字段使用情况

本字段可重复。

指示符

与701字段相同。

子字段

除下述子字段外，其他子字段与701字段相同。

$5　使用本字段的机构

以代码形式标识的使用本字段的机构名。推荐使用《全国文献收藏单位名称代码与条码》中的代码，也可以采用该机构的全称。不可重复。

常见字段结构

参见701字段。

字段填写说明

参见701字段。

相关字段

200　　题名与责任说明，$g其他责任说明

314　　知识责任附注

700 个人名称——主要知识责任

701 个人名称——等同知识责任

示例

例 1

702 #0$a余海清$4制作

例 2

702 #0$a戚亚南$4程序设计

9.3 711 团体名称——等同知识责任

字段定义

本字段包含以检索点形式出现的对文献负有等同知识责任的团体名称。

字段使用情况

本字段可重复。

指示符

指示符1:会议指示符。

　　表示该名称是团体名称还是会议名称。

　　0:团体名称

　　1:会议名称

指示符2:名称形式指示符。

　　指明团体名称的著录形式。

　　0:以倒序方式著录

　　　团体或会议名称以首字母缩写形式或人名开头。

　　1:以地区或辖区著录

　　　以地名或辖区名开头的团体或会议名称。

　　2:以直序方式著录

　　　用于所有其他类型的团体名称。

子字段

(1) $a 款目要素

标目中用作款目要素的名称的一部分,如果选用711字段,本子字段必须出现。

不可重复。

(2) $b 次级部分

名称中含有层级时的较低层次部分,或按地名著录的团体名称。本子字段不包括编目员为区分其他名称相同的机构而对名称所作的附加(见$c、$g、$h)。可重复。

(3) $c 名称附加或限定

由编目员给团体名称所作的除会议届次、地点和日期之外的任何附加。可重复。

(4) $d 会议届次

会议属于分届次的系列会议时的届次信息。不可重复。

(5) $e 会议地点

需作标目组成部分的会议召开地点。不可重复。

(6) $f 会议日期

需作为标目组成部分的会议召开日期。不可重复。

(7) $g 倒置部分

为方便检索,对以人名开头的团体名称采用倒置方法,将通常不用于检索的名称开头部分记入本字段。不可重复。

(8) $h 款目要素和倒置部分之外的名称部分

在含有倒置成分的标目中,倒置部分之后的团体名称的其他部分。不可重复。

(9) $p 机构/地址

团体的地址。不可重复。

(10) $3 规范记录号

标目的规范记录控制号。不可重复。

(11) $4 关系词代码(责任方式)

字段中给出的团体与记录所指文献之间关系的代码。对于中文文献,在711、712字段中可直接使用《中国文献编目规则》中责任方式的术语著录。可重复。

(12) $9 款目要素汉语拼音

使用方法同200字段$9正题名汉语拼音。不可重复。

常见字段结构

711   02$a团体名称$4责任方式

711   02$a团体名称款目要素$b团体名称的次级部分$4责任方式

711   02$a团体名称款目要素$b团体名称次级部分$b团体名称次级部分$4责任方式

711　　12$a会议名称$d(会议届次：$f会议日期：$e会议地址)

字段填写说明

(1)本字段记录的团体名称如果取自名称规范记录,必须是规范的检索点形式。因此$a、$b、$c、$d、$e、$f、$g的内容必须和名称规范记录的210字段完全相同。

(2)款目要素($a),主要指团体名称、正式会议名称。

(3)如果会议名称是团体名称的次级部分,则该名称被视为团体名称。

(4)名称附加或限定($c),填写该团体名称的补充、修饰成分。可以是一个地名附加,也可以是团体类型的附加,以区分相同的团体名称。

(5)若团体名称含层次,$b子字段填写其下级机构名称,如果层级中有若干个次级部分,可省略中间层级或不重要的层级(如非常设的层级)。

(6)会议地址($e),填写会议召开的地区或机构名称。

(7)会议日期($f),采用公元纪年,用阿拉伯数字著录。

(8)名称的倒置部分($g),填写的内容为团体名称的前面部分移置到后面的部分。

(9)团体责任者原题"本书编写组""本书编委会"或"题名+编委会"的情况,不做711字段,不设检索点。

(10)会议责任者是指国际性、全国性、地区性的各种性质或专业的会议名称,会议名称一般选用长期稳定的会议名称。

(11)本字段记录的团体和会议名称与团体和会议名称主题标目的各子字段形式相同。

相关字段

200　　题名与责任说明,$f第一责任说明

314　　知识责任附注

710　　团体名称——主要知识责任

712　　团体名称——次要知识责任

示例

　　例1

　　　　711　　02$a北京中科领航科技有限公司$4制作

　　例2

　　　　711　　02$a国家旅游局$4编制
　　　　注:使用规范的简称。

例3

　　711　02$a故宫博物院$c台湾$4主编

　　注：团体名称的含义不明确时，可附加限定成分。

例4

　　711　02$a广东省人大常委会$b法制工作委员会$4编

例5

　　711　02$a教育部$4制订

　　注：省略"中华人民共和国"字样。

例6

　　711　02$a广东省政府$b文史研究馆$b文学院$4编

例7

　　200　1#$a会计人员实务培训教程$b电子资源$f《会计人员实务培训教程》编委会编著

　　注：不做711字段。

例8

　　711　02$a中国水利学会$4编制

　　711　02$a北京瑞兴文化艺术中心$4编制

例9

　　200　1#$a手机全鉴$b电子资源$f《数字通信》杂志社制作

　　711　02$a数字通信杂志社$4制作

例10

　　711　12$a中国电子学会青年学术年会$d（8：$f2002：$e合肥）

9.4　712 团体名称——次要知识责任

字段定义

本字段包含以检索点形式出现的对文献负有次要知识责任的团体名称。

字段使用情况

本字段可重复。

指示符

与711字段相同。

子字段

与 711 字段相同。

常见字段结构

参见 711 字段。

字段填写说明

除下述子字段,其他子字段与 711 字段相同。

$5　使用本字段的机构

以代码形式标识的使用本字段的机构名。推荐使用《全国文献收藏单位名称代码与条码》中的代码,也可以采用该机构的全称。不可重复。

相关字段

200　题名与责任说明,$g其他责任说明

314　知识责任附注

710　团体名称——主要知识责任

711　团体名称——等同知识责任

示例

例 1

200　1#$a人兽共患的微生物$b电子资源$f卢芳国主编$g湖南中医学院制作

701　#0$a卢芳国$4主编

712　02$a湖南中医学院$4制作

例 2

200　1#$a中山年鉴$b电子资源$f中山市地方志办公室编$g广州市派腾软件技术有限公司制作

711　02$a中山市地方志办公室$4编

712　02$a广州市派腾软件技术有限公司$4制作

10　8--国际使用块

字段定义

本国际使用块含有国际上一致约定的不适合在 0-- 至 7-- 功能块处理的字段。

常用字段

已定义并适合于电子资源的字段如下：

801　　记录来源

830　　编目员一般附注

856　　电子资源地址与检索

10.1　801 记录来源

字段定义

本字段包含记录来源的标识,包括编制数据的机构、将数据转换成机读形式的机构、修改原始记录或数据的机构以及发行当前记录的机构。

字段使用情况

本字段为必备字段,可重复。

指示符

指示符1:未定义,填空格。

指示符2:功能指示符。

　　　　指明子字段$b中的机构的功能。

　　　　0:原始编目机构

　　　　　编制书目记录数据的机构。

　　　　1:转录机构

　　　　　将数据转换成机读形式的机构。

　　　　2:修改机构

　　　　　修改记录的知识内容或记录结构的机构。

　　　　3:发行机构

　　　　　发行记录的机构。

子字段

(1) $a　　国家

　　　　发行机构的国家代码标识。采用 GB 2659(ISO 3166)的两位大写字母代码。不可重复。

(2) $b 机构

由于目前尚无国际范围普遍被接受的机构代码,采用机构名称的英文缩写形式表示。如中国国家图书馆用 NLC(National Library of China)。也可以采用机构的中文全称或国家规定的代码。不可重复。

(3) $c 处理日期

书目记录建立、修改或发行的日期。以 GB/T 7408(ISO 8601)的标准形式记入:YYYYMMDD。其中 YYYY 表示年,MM 表示月,DD 表示日。月、日不足两位时前置"0"。不可重复。

(4) $g 编目规则(著录条例)

当指示符 2 置"0"或"2"时,本子字段包含用于书目著录和检索的编目规则的缩略代码。本子字段选择使用。可重复。

(5) $2 系统代码

机读记录所使用的格式名称。本手册固定为 CNMARC。不可重复。

常见字段结构

801　#0$a国家代码$b原始编目机构代码$c处理日期

801　#0$a国家代码$b原始编目机构代码$c处理日期$g编目规则(著录条例)

801　#1$a国家代码$b转换机构代码$c处理日期

801　#1$a国家代码$b转换机构代码$c处理日期$g编目规则(著录条例)

801　#2$a国家代码$b修改机构代码$c处理日期

801　#2$a国家代码$b修改机构代码$c处理日期$g编目规则(著录条例)

801　#3$a国家代码$b发行机构代码$c处理日期

801　#3$a国家代码$b发行机构代码$c处理日期$g编目规则(著录条例)

字段填写说明

(1)国家代码采用 GB 2659(ISO 3166)的两位大写字母代码。

(2)由于目前尚无国际范围普遍被接受的机构代码,采用机构名称的英文缩写形式表示。如中国国家图书馆用 NLC(National Library of China)。也可以采用机构的中文全称或国家规定的代码。

(3)本字段的处理日期是记录更改或发生的日期,采用 YYYYMMDD 的形式记载,由计算机系统自动生成。

(4) 在多数情况下,同一机构将执行部分或全部的功能。当转录机构、编目规则或格式发生变化时,应重复本字段。如果没有变化,本字段仅包含最早出现的字段。

(5) 本字段通过指示符的变化,说明记录的编制、转换、修改、发行机构。

相关字段

记录头标,著录格式(字符位置 18)

100　通用处理数据,入档时间(字符位置 0—7)

示例

例 1

　　801　　#0aCNbNLC$c19960325

　　注:CN 为中国代码。记录的编制机构为中国国家图书馆,代码为 NLC。该记录编制的时间为 1996 年 3 月 25 日。

例 2

　　801　　#0aCNbPUL$c19990827

　　注:CN 为中国代码。记录的编制机构为北京大学图书馆,代码为 PUL。该记录编制的时间为 1999 年 8 月 27 日。

10.2　830 编目员一般附注

字段定义

本字段包含编目员补充的与本记录有关的附加信息。

字段使用情况

本字段选择使用,可重复。

指示符

指示符 1:未定义,填空格。
指示符 2:未定义,填空格。

子字段

$a　附注内容

记载记录变动情况、历史的以及其他方面的信息。不可重复。

常见字段结构

830   ##$a附注内容

字段填写说明

本字段用于记载编目员的工作附注,内容可涉及对信息源的选取、对有疑问的数据、对特殊规则的应用以及对特殊数据的选择等方面的说明。

示例

  例1

    830   ##$a本套系列光盘尚未出全,以后继续补充。

  例2

    830   ##$a最后一盘到馆时,该记录将修改。

10.3 856 电子资源地址与检索

字段定义

本字段包含记录所描述的电子文献的获取信息,包含可获取文献的电子资源地址和通过指示符1的值所定义的文献的检索方法。本字段所提供的信息可满足文件的电子传输、电子期刊的订阅或电子资源登录。有时,本字段仅记录唯一的数据元素,该数据元素允许用户通过远程主机的资源地址表检索该文献所需的信息。本字段可用于生成与检索方法相关的ISBD(ER)电子资源附注。

字段使用情况

本字段选择使用,对于电子资源来说,如果337字段不出现在记录中,856字段必备。当地址数据元素发生变化(子字段$a、$b、$d)和使用多种检索方法时,本字段可重复;无论电子文件名称($f)是否有变化,本字段都可重复(但是一个单部文献为了联机存储或检索分成几个不同的情况除外)。

指示符

  指示符1:检索方法指示符

    # 未提供信息

    0 电子邮件(Email)

    1 文件传输协议(FTP)

    2 远程登录(Telnet)

    3 拨号入网(Dial-up)

    4 超文本传输协议(HTTP)

    7 在$y子字段说明检索方法

指示符2：未定义，填空格。

子字段

(1) $a　主机名称

电子资源地址的合法域名。可重复。

(2) $b　检索号

与主机相关的检索号。如果是互联网(Internet)上的资源，该检索号指的是互联网协议地址(IP)，如果是用电话线拨号上网，它指的是电话号码。这一数据不是静态地存储在某一地方，而是经常变化可以由系统自动生成。电话号码的记录形式为：[国家代码]-[地区代码]-[电话号码]。如：49-69-15251140；如果需要再转接，在电话号码后加转接标志"x"，再接分机号，例如：1-703-3589800x515。可重复。

(3) $c　压缩信息

包含文件的压缩信息，说明是否需要一个特定的程序对文件进行解压。可重复。

(4) $d　路径

说明文件存储位置的逻辑目录与子目录名称。可重复。

(5) $e　咨询与检索的日期和时间

记录电子文献最近一次被检索的时间，其形式为YYYYMMDDHHMM，其中YYYY表示年、MM表示月、DD表示日、HH表示小时、MM表示分。不可重复。

(6) $f　电子文件名称

指子字段$d目录/子目录下的电子文件名称。如果一个逻辑文件分成多部分并以不同名称储存，$f可重复。这种情况，通常是指由不同的部分组成的一个书目文献。其他情况下，是通过重复856字段检索不同的文件名。记载在$f的文件名有时会包含通配符(如"*"或"?")，此时$z的公共注释会解释文件名由来。该子字段也可能包含电子出版物或会议的名称。可重复。

(7) $h　请求处理者名

包含用户名或请求处理名，通常指主机"@"之前的数据。不可重复。

(8) $i 指令

向远程主机请求处理信息所需要的指令或命令。可重复。

(9) $j 位/秒

与主机连接时每秒传输的最小和最大的比特数(二进制)。记录每秒比特数的句法结构为:[最小 BPS]-[最大 BPS];如果只给出每秒传输的最小比特数,其句法结构为:[最小 BPS]-;如果只给出每秒传输的最大比特数,其句法结构为:-[最大 BPS]。不可重复。

(10) $k 口令

用于记录一般使用的口令,不包括那些要求安全保密的口令。不可重复。

(11) $l 登录/注册

无安全密级的登录/注册用的字符串,即"logon""login"信息。不可重复。

(12) $m 协助检索的联机信息

检索 $a 子字段标识的主机中的电子资源的有关联系信息。可重复。

(13) $n 记录在 $a 的主机地址名

记录在 $a 的主机所在的地址名称或地理名称的完整形式。不可重复。

(14) $o 操作系统

记录在 $a 的主机所用的操作系统。不可重复。

(15) $p 端口

网络地址的一部分,用于标识主机所进行的处理或服务。不可重复。

(16) $q 电子文件格式类型

包含电子文件格式类型的标识,以确定数据通过网络传输的方式。通常文本文件以字符型数据传输,一般限于 ASCII(美国信息交换用国家标准代码)字符集,即基本拉丁字符集、0—9 数字符号、少数专用字符和大多数标点符号。包含有 ASCII 字符集以外的字符的文本文件或非文本数据(例如计算机程序、图像数据)必须用其他文件传输模式,通常为二进制模式。电子文件格式类型可以从因特网上注册的媒体类型(MIME)等列表中获取。不可重复。

(17) $r 设定

用于传输数据的设定。包括:①数据位数,即每个字符包含的比特数;②结束位数,即标志一个字符结束的比特数;③奇偶性(使用奇偶性校验技术)这些元素的句法为:[奇偶性]-[数据位数]-[结束位数],如:E-7-1;如果只给出奇偶性,设定中的其他元素以及连字符可以省略,即:[奇偶性];如果其他两个元素中有一个给出,那么缺少的那个元素的连字符"-"应记录在其相应的位置,即:[奇偶性]--[结束位数],或[奇偶性]-[数据位数]-。奇偶性的数值为:O(奇数),E(偶数),N(无),S(空),M(符号)。不可重复。

(18) $s　文件大小

说明$f中指定的电子文件的大小,通常用八位字节(位组)表示。如果856字段中重复了多个$f文件名,$s也多次重复并紧随相应的$f文件名之后。期刊不使用本子字段,因为856字段与整个题名有关,而不是与某个期次号发生关系。可重复。

(19) $t　终端仿真

系统所支持的终端仿真。终端仿真通常在远程登录时使用。可重复。

(20) $u　统一资源标识

统一资源标识(URI)提供利用现有的Internet协议自动检索位置和目标的标准句法。856字段的结构可以通过相关的856子字段建立统一资源地址(URL),但是也可使用子字段$u代替其他子字段或补充其他子字段不包含的信息,如果有多个URL需要记入,可重复856字段。$u子字段不可重复。

(21) $v　有效检索时间

指856字段所标识的电子资源可以被检索的时间。可重复。

(22) $w　记录控制号

电子资源的控制号。可重复。

(23) $x　非公共附注

与856字段标识的电子资源地址相关的附注。附注的形式不完整或不用于公共显示。可重复。

(24) $y　检索方法

当指示符1的值为"7"时,用子字段$y说明其检索方法,包括除指示符1定义的TCP/IP协议以外的其他检索方法。本子字段的数据与URL检索体系(RCF 1738)一致,RCF 1738是IETF统一资源识别符工作组的产品。互联网分配号码授权机构(IANA)负责维护URL体系的登记以及定义句法和新体系的使用。不可重复。

(25) $z　公共附注

与856字段标识的电子资源地址相关的附注。附注的形式完整或用于公共显示。可重复。

(26) $2　链接文本

用于替代$u(URL)中的URL的显示。当出现$2时,必须链接其内容,而$u链接的是目标。可重复。

常见字段结构

856　4#$u统一资源标识

856　4#$u统一资源标识$z公共附注

字段填写说明

(1)指示符1所定义的访问方法与使用的子字段应协调一致,对于不同的访问方法应使用不同的相对应的子字段进行著录。例如,第一指示符为1(FTP)时,可使用子字段$d、$f、$c、$s等进行更详细的著录。当指示符1的值为"7"时,应用子字段$y说明其检索方法。

(2)当地址数据元素发生变化(子字段$a、$b、$d)和使用多种检索方法时,本字段可以重复使用。

(3)填写$b、$e、$j、$r子字段时,注意按各子字段中所规定的格式填写。

(4)如果本字段中重复了多个$f文件名,$s也多次重复,$s应紧随相应的$f文件名之后。

示例

例1

　　856　1#$awuarchive.wustl.edu$dmirrors/info-mac/util$fcolor-system-icons.hqx$s16874 bytes

例2

　　856　4#$uhttp://skqs.unihan.com.cn/skiner/classify.htm$hGuest$kskqs

注:电子版《四库全书》的统一资源地址($u)、用户名($h)和口令($k)。指示符1置"4"表示该电子资源遵循超文本传输协议(HTTP)。

例3

　　856　4#$uhttp://lcweb.loc.gov/catdir/semdigdocs/seminar.html

注:一个符合超文本传输协议的统一资源标识,指示符1置"4"。

例4

　　856　2#$aanthrax.micro.umn.edu$b128.101.95.23

注:电子资源的主机域名和IP地址。是一个符合远程登录协议(Telnet)的电子资源检索字段。

例5

　　856　1#$uftp://path.net/pub/docs/urn2urc.ps$kguest

注:一个符合文件传输协议(FTP)的统一资源标识,指示符1置"1"。在获取本字段提供的电子资源时,需要的口令记录在$k。

例6

856 4#$uhttp://opac.nlc.gov.cn/F/AS8PR4FQYH29UVLAILVM3XSY29E3LQV7K4A4SCKLBP42BVL18H-37407? func = service-media-exec&doc_library = NLC01&doc_number = 006138446&media_index = 00002&func_code = WEB-FUL$z电子图书全文(方正电子图书)

注:$z提供获取电子资源的公共附注。

附录 A 世界常用语种代码表

语种		代码
Arabic	阿拉伯语	ara
Chinese	汉语	chi
Czech	捷克语	cze
Danish	丹麦语	dan
Dutch	荷兰语	dut
English	英语	eng
Finnish	芬兰语	fin
French	法语	fre
German	德语	ger
Indic(other)	(其他)印度语支的语言	inc
Indo-European(other)	(其他)印欧语系的语言	ine
Italian	意大利语	ita
Japanese	日语	jpn
Korean	朝鲜语	kor
Latin	拉丁语	lat
Mongolian	蒙古语	mon
Persian	波斯语	per
Polish	波兰语	pol
Portuguese	葡萄牙语	por
Russian	俄语	rus
Sanskrit	梵语	san
Spanish	西班牙语	spa
Thai	泰语	tha
Tibetan	藏语	tib
Turkish	土耳其语	tur
Uighur	维吾尔语	uig
Vietnamese	越南语	vie

说明:本表依据 UNIMARC MANUAL 的 Language codes 选定。

附录B 国内地区代码表

《GB 2260—2007 中华人民共和国行政区划代码》规定了我国县以上行政区划的标准代码。该代码用六位数字按层次分别标识我国各省(自治区、直辖市、特别行政区)、地区(市、州、盟)、县(市、旗、镇、区)的名称。六位数字从左至右的含义是:第一、二位表示省(自治区、直辖市);第三、四位表示地区(市、州、盟),第五、六位表示县(市、旗、镇、区)。本手册选用其中的"表1 省、自治区、直辖市、特别行政区代码表"。

名称	代码	名称	代码
北京市	110000	湖南省	430000
天津市	120000	广东省	440000
河北省	130000	广西壮族自治区	450000
山西省	140000	海南省	460000
内蒙古自治区	150000	重庆市	500000
辽宁省	210000	四川省	510000
吉林省	220000	贵州省	520000
黑龙江省	230000	云南省	530000
上海市	310000	西藏自治区	540000
江苏省	320000	陕西省	610000
浙江省	330000	甘肃省	620000
安徽省	340000	青海省	630000
福建省	350000	宁夏回族自治区	640000
江西省	360000	新疆维吾尔自治区	650000
山东省	370000	台湾省	710000
河南省	410000	香港特别行政区	810000
湖北省	420000	澳门特别行政区	820000

说明:取自《GB 2260—2007 中华人民共和国行政区划代码》。

附录C 完整示例

样例1:多媒体光盘(CD-ROM)

LDR	-----nlm0#22-----###450#
001	003113531
005	20070518081013.0
010	##$dCNY18.00$z7-900420-69-5
100	##$a20060330d2006####em#y0chiy50######ea
101	0#$achi
102	##aCNb110000
135	##$avocga---uuuuu
200	1#$a抗战历程$9kang zhan li cheng$b电子资源$f中国人民抗日战争纪念馆,清华同方光盘电子出版社开发
210	##$a北京$c清华同方光盘电子出版社$c北京科海电子出版社$d2006
215	##$a1光盘(CD-ROM)$c有声,彩色$d12cm
300	##$a纪念中国抗日战争暨世界反法西斯战争胜利60周年
304	##$a题名取自盘面标签
337	##$a系统要求:Windows 98/me/2000/XP操作系统
606	0#$a抗日战争$x史料$y中国
606	0#$a抗日战争
690	##$aK265.06$v 4
711	02$a中国人民抗日战争纪念馆$9zhong guo ren min kang ri zhan zheng ji nian guan$4开发
711	02$a清华同方光盘电子出版社$9qing hua tong fang guang pan dian zi chu ban she$4开发
801	#0aCNbNLC$c20060330

样例2:游戏(CD-ROM)

LDR	-----nlm0#22-----###450#

001		003235842
005		20060928155635.0
010		##$a7-900353-76-3$dCNY29.00
100		##$a20060920d2005####em#y0chiy50######ea
101		0#$achi
102		##aCNb500000
135		##$agocga---uuuuu
200		1#$a三国英豪$9san guo ying hao$h2$b电子资源$f成都众心电子开发有限公司研发
210		##$a重庆$c重庆电子音像出版社$d2005
215		##$a1光盘(CD-ROM)$c有声,彩色$d12cm$e指导手册(29页；19cm)
304		##$a题名取自题名屏
337		##$a系统要求：Pentium 500MHZ以上CPU；256MB以上内存；简体中文Windows 98/ME/2000/XP操作系统；800MB以上硬盘空间；8倍速以上光驱；兼容DirectX的显卡，显存8MB以上；兼容DirectX的声卡；键盘；手柄
606		0#$a游戏$x应用软件
606		0#$a游戏
606		0#$a应用软件
690		##$aG899$v4
711		02$a成都众心电子开发有限公司$9cheng du zhong xin dian zi kai fa you xian gong si$4研发
801		#0aCNbNLC$c20060920

样例3：软件(CD-ROM)

LDR		-----nlm0#22-----###450#
001		003287213
005		20061213140740.0
010		##$a7-89485-009-8
100		##$a20061204d2006####em#y0chiy50######ea
101		0#$achi
102		##aCNb110000
135		##$aboug#---uuuuu

200	1#$a灵智进销存$9ling zhi jin xiao cun$b电子资源$f昆明灵智科技有限公司制作
205	##$aV6.6
210	##$a北京$c电子工业出版社$d2006
215	##$a1光盘(CD-ROM)$d12cm$e使用说明书(77页；21cm)
304	##$a题名取自盘面标签
337	##$a系统要求：CPU为PⅢ 450MHz以上；内存至少64M；Windows 9x/Me/2000/XP操作系统；Excel 2000或是Excel 2003；硬盘空间100M以上
606	0#$a中小企业$x企业管理$x财务管理$x应用软件
606	0#$a中小企业
606	0#$a企业管理
606	0#$a财务管理
606	0#$a应用软件
690	##$aF276.3-39$v4
711	02$a昆明灵智科技有限公司$9kun ming ling zhi ke ji you xian gong si$4研制
801	#0aCNbNLC$c20061204

样例4：电子图书(CD-ROM)

LDR	-----nlm0#22-----###450#
001	002942225
005	20051025164825.0
010	##$a7-900674-06-3
100	##$a20050124d2004####em#y0chiy50######ea
101	0#$achi
102	##aCNb330000
135	##$adobg#---auuuu
200	1#$a中国特色社会主义经济理论研究$9zhong guo te se she hui zhu yi jing ji li lun yan jiu$b电子资源$f钦北愚著
210	##$a杭州$c浙江大学出版社$d2004
215	##$a1光盘(CD-ROM)$d12cm
304	##$a题名取自题名屏
337	##$a系统要求：安装方正Apabi Reader电子书阅读器
606	0#$a社会主义经济$x研究$y中国

606	0#$a社会主义经济
690	##$aF120.2$v4
701	#0$a钦北愚$9qin bei yu$4著
801	#0aCNbNLC$c20050124

样例5:电子图书(远程访问)

LDR	-----nam0#22-----###450#
001	002963012
005	20121109170000.0
010	##$a978-7-5024-5011-3
100	##$a20091015d2009####em#y0chiy50######ea
105	##$ay###z###000yy
101	0#$achi
102	##aCNb110000
135	##$adrbn#---auuuu
200	1#$a数字图书馆工程项目研究$9 shu zi tu shu guan gong cheng xiang mu yan jiu$b电子资源$f赵鹏,严武军编著
210	##$a北京$c北京方正阿帕比技术有限公司$d2009
215	##$a342页$d20cm
324	##$a复制自:数字图书馆工程项目研究［专著］／赵鹏,严武军编著. -- 北京：冶金工业出版社, 2009
330	##$a本书按照计算机软件项目管理研究思路依次分为4部分,分别叙述了数字图书馆工程项目分析、设计、实施和应用,每一部分首先提出项目管理学科研究内容,随后著述数字图书馆工程项目的研究内容,并且在每一部分附有具体研究实例。
337	##$a系统要求:安装方正Apabi Reader电子书阅读器
337	##$a访问方式:WWW, http://login.nlc.gov.cn/niMingLogin.action
606	0#$a数字图书馆$x研究
606	0#$a数字图书馆
690	##$aG250.76$v4
701	0#$a赵鹏$9zhao peng$f(1973~)$4编著
701	0#$a严武军$9yan wu jun$f(1973~)$4编著

801	#0aCNbNLC$c20091015
856	4#$uhttp://login.nlc.gov.cn/niMingLogin.action$z远程访问电子图书全文（方正电子图书）

样例6：丛编性多媒体光盘（CD-ROM）：丛编单册

LDR	-----olm2#22-----###450#
001	003243163
005	20061009090725.0
010	##$a7-89498-491-4
100	##$a20060929d2006####em#y0chiy50######ea
101	0#$achi
102	##aCNb110000
135	##$avocga---uuuuu
200	1#$a中文版Office 2003三合一实例与操作$9zhong wen ban Office 2003 san he yi shi li yu cao zuo$b电子资源$f赵树林，姜旭，张龙开发
210	##$a北京$c北京希望电子出版社$d2006
215	##$a1光盘（CD-ROM）$c有声，彩色$d12cm
225	2#$a计算机动画教室系列$i热门电脑技术实例与操作丛书
300	##$a"十五"国家重点电子出版物规划项目
304	##$a题名取自题名屏
337	##$a系统要求：CPU不小于Pentium 133；内存不小于32M；中文Windows 98/Me/2000/XP；显卡支持800×600×16位色以上显示；Soundblaster兼容声卡；光驱；音箱
462	#0$1001003076318$12001#$a热门电脑技术实例与操作丛书
606	0#$a办公自动化$x软件包
606	0#$a办公自动化
606	0#$a软件包
610	0#$aOffice
690	##$aTP317.1$v4
701	#0$a赵树林$9zhao shu lin$4开发
701	#0$a姜旭$9jiang xu$4开发
701	#0$a张龙$9zhang long$4开发

801	#0aCNbNLC$c20060929

样例7:丛编性多媒体光盘(CD-ROM):丛编分集

LDR	-----olm2#22-----###450#
001	003076318
005	20060815143241.0
100	##$a20050124g2005####em#y0chiy50######ea
101	0#$achi
102	##aCNb110000
135	##$avocga---uuuuu
200	1#$a热门电脑技术实例与操作丛书$9re men dian nao ji shu shi li yu cao zuo cong shu$b电子资源
210	##$a北京$c北京希望电子出版社$d2005-
215	##$a_光盘(CD-ROM)$c有声,彩色$d12cm
225	2#$a计算机动画教室系列
300	##$a"十五"国家重点电子出版物规划项目
304	##$a题名取自题名屏
330	##$a本套系列光盘包括:《中文版Office 2003三合一实例与操作》、《中文版3ds max 8实例与操作》、《中文版3ds max 8效果图制作实例与操作》等。
461	#0$1001003074719$12001#$a计算机动画教室系列
606	0#$a电子计算机$x丛书
606	0#$a电子计算机
690	##$aTP3-51$v4
801	#0aCNbNLC$c20050124
830	##$a本套系列光盘尚未出齐,以后还需补充数据

样例8:丛编性多媒体光盘(CD-ROM):丛编总集

LDR	-----nlm1#22-----###450#
001	003074719
005	20070104154759.0
100	##$a20050124g2005####em#y0chiy50######ea
101	0#$achi

102	##aCNb110000
135	##$avocga---uuuuu
200	1#$a计算机动画教室系列$9ji suan ji dong hua jiao shi xi lie$b电子资源
210	##$a北京$c北京希望电子出版社$d2005-
215	##$a_光盘(CD-ROM)$c有声，彩色$d12cm
300	##$a"十五"国家重点电子出版物规划项目
304	##$a题名取自题名屏
330	##$a本套系列光盘包括:《热门电脑技术实例与操作丛书》、《新编计算机辅助设计系列》、《从入门到精通系列丛书》等。
606	0#$a动画$x图形软件$x丛书
606	0#$a动画
606	0#$a图形软件
690	##$aTP391.41-51$v4
801	#0aCNbNLC$c20050124
830	##$a本套系列光盘尚未出齐,以后还需补充数据

参考文献

[1] 富平,黄俊贵.中国文献编目规则(第二版)[M].北京:北京图书馆出版社(今国家图书馆出版社),2005.

[2] 国家图书馆.新版中国机读目录格式使用手册[M].北京:北京图书馆出版社(今国家图书馆出版社),2004.

[3] 全国信息与文献标准化技术委员会.GB/T 3792.1—2009 文献著录 第1部分:总则[S].北京:北京图书馆出版社(今国家图书馆出版社),2010.

[4] 全国信息与文献标准化技术委员会.GB/T 3792.2—2009 文献著录 第9部分:电子资源[S].北京:北京图书馆出版社(今国家图书馆出版社),2010.

[5] 杨慧,刘峥.GB/T 3792.2—2009《文献著录 第9部分:电子资源》应用指南[M].北京:北京图书馆出版社(今国家图书馆出版社),2011.

[6] IFLA. ISBD(ER): International Standard Bibliographic Description for Electronic Resources. 2004 Revision [EB/OL]. [2011-12-11]. http://archive.ifla.org/VII/s13/guide/isbder_ww2-1-04.pdf.

[7] UBCIM. UNIMARC Guidelines no.6: Electronic Resources [EB/OL]. [2011-10-11]. http://archive.ifla.org/VI/3/p1996-1/guid6.htm.